IFS 중독치료

Cece Sykes, Martha Sweezy, Richard C. Schwartz 지음

이혜옥, 이진선 옮김

Σ 시그마프레스

IFS 중독치료

발행일 | 2024년 6월 5일 1쇄 발행

지은이 | Cece Sykes, Martha Sweezy, Richard C. Schwartz
옮긴이 | 이혜옥, 이진선
발행인 | 강학경
발행처 | (주)시그마프레스
디자인 | 김은경, 우주연
편 집 | 김은실, 윤원진
마케팅 | 문정현, 송치헌, 김성옥, 최성복

등록번호 | 제10-2642호
주소 | 서울특별시 영등포구 양평로 22길 21 선유도코오롱디지털타워 A401~402호
전자우편 | sigma@spress.co.kr
홈페이지 | http://www.sigmapress.co.kr
전화 | (02)323-4845, (02)2062-5184~8
팩스 | (02)323-4197

ISBN | 979-11-6226-474-4

INTERNAL FAMILY SYSTEMS THERAPY FOR ADDICTIONS

＊ 책값은 책 뒤표지에 있습니다.

차례

제 1 장

내면가족시스템 치료의 개요

제 2 장

중독의 개념화

제 3 장

평가

제 4 장

치료

역자 서문

미국 국립약물남용통계국(National Center for Drug Abuse Statistics)의 2020년 통계에 따르면 12세 이상 인구의 50%(1억 3,800만 명)가 불법 마약을 1회 이상 사용한 적이 있으며, 2000년 이후, 미국에서 마약 남용으로 인한 사망자가 70만 명에 이른다고 합니다. 2021년도 한 해에 만 약 10만 6천 명이 아편계 약물 과다복용으로 사망했습니다. 이러한 수치는 미국 내에서 한 해 동안 자동차 사고로 사망한 사람의 숫자보다 많은 수치로서, 이로 인해 미국 트럼프 대통령 은 아편계 약물 남용으로 인한 국가적 위기 상황을 선언하게 됩니다. 이렇게 된 이유는 헤로인 으로 대표되는 불법적인 아편계 약물 남용의 증가도 있었지만 무엇보다도 1990년대 말부터 제약회사들을 통해 시판되기 시작한 아편계 진통제들의 확산과 펜타닐로 대표되는 합성 마약 성 진통제의 남용이 이러한 심각한 상황을 초래하는 데 결정적인 역할을 하게 되었습니다.

펜타닐과 같은 마약성 진통제의 경우 대표적인 아편계 불법 마약인 헤로인보다 약 50배, 의료 용으로 쓰이는 모르핀보다 약 100배가량 강력한 중독성을 지닌 것으로 알려져 있습니다. 미국 의 제약회사들은 이러한 펜타닐과 같은 강력한 마약성 진통제를 시판하면서 그 중독성에 대해 서 경고하고 소비자들에게 주의하도록 당부하기보다는 각종 홍보 매체들을 통해 '심리적' 의 존성이 있을 뿐 신체적 의존성은 없다는 식으로 홍보를 함으로써 이러한 마약성 진통제의 오 남용을 부추겼고 최근에는 이러한 아편계 진통제 중독 사태를 일으킨 미국의 제약업체들이 30 조원에 해당하는 배당금을 내기로 합의하기도 하였습니다.

미국 국립약물남용연구소(National Institute on Drug Abuse)에 따르면, 중독 치료에 비교적 효 과적인 방법으로 알려진 5가지 모댈리티가 사용되고 있습니다. (1) 약물을 사용할 가능성이 있는 상황을 인식하고, 회피하며 대처할 수 있도록 돕는 인지행동요법(Cognitive-behavioral therapy), (2) 약물을 복용하지 않는 상태를 유지하고, 상담 회기에 참여하도록 독려하며, 처방 약물을 복용하도록 보상/특혜 같은 긍정적인 동기를 강화시키는 우발상황관리(Contingency management), (3) 행동 변화와 치료를 시작하도록 동기를 부여하는 동기강화요법(Motivational enhancement therapy), (4) 약물 사용 패턴에 영향을 주는 가정 환경적 요인을 찾아내고, 전반적인 가족 기능을 개선시키는 가족치료(Family therapy), (5) 수용, 포기, 적극적 참여가 주제로 되어 있는 12단계 상호지원 프로그램에 참여하도록 준비시키는 목적으로 12주 동안 주 1회 진행되는 개인치료(Twelve-step facilitation)가 그것입니다.

2023 Newsweek에 의하면, 미국에는 전국적으로 총 360개의 약물중독치료센터가 있으며, 주로 동부(뉴욕, 펜실베이니아, 플로리다)와 서부(캘리포니아)에 집중되어 있고, 대표적인 약물중독치료센터로는 Boca Recovery Centers(뉴저지, 플로리다, 인디애나), Spring Hill Recovery (매사추세츠), Still Detox & Luxury Rehab(플로리다), The Hope House(애리조나), 1st Step Behavioral Health(플로리다), SOBA New Jersey(뉴저지), Sierra Tucson(애리조나), Guardian Recovery Network(콜로라도, 플로리다, 뉴저지, 뉴햄프셔, 메인), Princeton Detox & Recovery Center(뉴저지)를 들 수 있습니다.

국내의 경우도 최근 각종 언론 매체를 통해 보도되었듯이 청소년 층에까지 강력한 마약성 진통제인 펜타닐 중독이 확산되는 상황이며 펜타닐 패치 등 의료용 마약류를 오남용 처방한 것으로 의심되는 의료기관들이 무더기로 적발되는 등 사회 문제화되고 있습니다. 또한 대검찰청 통계에서도 2015년도에 1,153명이던 마약류 사범이 2020년에는 2,198명으로 약 2배가량 증가하는 등 심각한 사회 문제로 대두되고 있습니다. 이에 대응 차원에서 국내에서도 정신건강증진기관으로서 중독관리통합지원센터 50기관이 중독 예방과 중독자 상담 재활 훈련 프로그램을 운영(출처 : 2022년 정신건강사업 안내)하고 있으나, 실제로 전문인력 확보와 효과적인 프로그램의 운용이 향후 중요한 과제일 것으로 보입니다.

세계보건기구(WHO)에 따르면 재활 치료란 개인의 어려움을 극복하기 위한 전략을 개발하고 다양한 개입을 통해 약물과 알코올이 없는 건강하고 생산적인 삶으로 돌아갈 수 있도록 지원하는 것을 말합니다. 하지만 아직까지 중독 센터의 성공을 측정하는 표준화된 방법이 없어 많은 시설들은 프로그램 이수자의 수, 치료 직후 약물을 사용하지 않는 사람의 비율, 프로그램 이수자들의 면접 등을 바탕으로 성공률을 추산하고 있습니다. 이러한 성공률 수치화 작업의 어려움을 가중시키는 것은 약물 재활이 필요한 사람들의 90%가 재활을 받지 못하고 있다는 것과, 치료에 들어간다고 하더라도 이수자가 42%도 채 안 된다는 것입니다. 보다 효과적인 재활 치료 전략을 개발하기 위해서는 공식적인 치료 기간과 그 후에 시설이 제공하는 실제 치료의 질을 판단할 수 있어야 할 것입니다.

이러한 상황에서 『IFS 중독치료』는 실제 치료의 질과 중독자의 치료 프로그램 진입률 및 이수율 제고에 기여할 수 있는 새로운 패러다임이라고 생각합니다. 부디 약물중독 없는 대한민국에 기여할 수 있도록 효과적인 IFS 중독 치료 프로그램으로 정착시킬 수 있는 IFS 임상전문가들이 양성되기를 간절히 기도합니다.

2024. 4. 5.

공역자 이혜옥, 이진선 올림

한국가정회복연구소(ifscenter.ewebstory.com)

『IFS 중독치료』에 대한 찬사

중독 전문가들은 대개 세 가지 영역에서 활동합니다. 구체적인 회복 처방을 내세우는 치료사들, 중독을 복잡한 사회적 질환으로 이해하는 사회 정치적 사고자들, 그리고 온갖 트라우마 경로가 중독과 자해를 초래한다고 인식하는 아동발달 연구자들이 그것입니다. 그런데 『IFS 중독치료』에서는 세 가지 관점이 모두 합쳐져 있어 우리에게 정확하게 개입하는 방법을 가르쳐주니 얼마나 신선하고, 얼마나 놀라울 정도로 포괄적이고, 얼마나 만족스러운지 모르겠습니다.

한때 중독자였고, 지금은 중독 연구자요, 임상심리학자인 저는 사이크스와 동료들의 IFS 치료 접근법의 효과에 엄청난 충격을 받았습니다. 거의 10년 동안 저는 중독으로 고통받는 제 내담자들에게 이 접근법을 사용해 왔으며, 지금까지 이 같은 도움을 줄 수 있는 정밀성과 힘을 가진 방법은 하나도 없었습니다. 이 힘들어하는 사람들에게 IFS를 완벽하게 적용하기 위해 저자들은 전반적인 IFS에서와 같이, 과잉 통제와 버림받음 사이에서 싸우며 살고 있는 중독을 표적으로 하여 단계별로 처방하고 있습니다. 저자들이 독특한 통찰력과 전문성을 통해 분명히 밝히듯이, 중독 치료는 어느 한쪽을 편드는 것이 아니라, 초점 주의(focused attention : 초점을 맞춰 주의를 기울임)와 자기 긍휼(self-compassion)을 통해 해결되는 싸움입니다.

이 책은 중독 장애로 고통받고 있는 사람들을 돕기 위해 보고된 난해한 문헌과 실천 가이드라인을 이해하려고 그동안 애써온 치료사, 내담자, 교육자, 코치, 임상 연구자들을 위한 것입니다. 이 책은 지적으로나 실용적으로나 혼돈에 명료함을 가져올 뿐만 아니라, 실제로 변화를 가져오는 치료 접근법을 상세히 안내해주고 있습니다.

–**마크 루이스, PhD, D.Psych**, 명예교수(토론토대학교), 임상심리학자,
*The Biology of Desire: Why Addition Is Not a Disease*와
*Memoirs of an Addicted Brain*의 저자

최근까지도, 중독에 대한 우리의 이해는 주로 중독은 질병이거나 의지력 부족의 결과이다라는 낡고 결함 있는 가정에 기반을 두고 있었습니다. IFS 접근법은, 긍휼의 마음의 눈을 통해 중독 행동을 이해하기 위한 새로운 패러다임뿐만 아니라, 오래 지속되는 변화를 가져오기 위한 효과적인 치료 프레임워크도 제공하고 있습니다. 이 놀랍고 멋진 책은 IFS를 사용하여 핵심적인 중독 프로세스를 다루고자 하는 치료사들이 쉽게 사용할 수 있도록 쓰인 매뉴얼입니다. 『IFS 중독치료』는 적절한 시점에서 중요한 공헌을 하였기에 중독 치료를 둘러싼 이야기를 바꿀 가능성이 있다고 생각합니다.

–**나이올 맥키버**, The Weekend University의 설립자

우리는 모두 모순적인 면을 가지고 있습니다. 하지만 중독이라고 낙인 찍힌 행동에 관해서는, 내적 모순이 종종 병리적 현상이 됩니다. 전통적인 치료 모델은 도움을 구하는 사람과 직면하여 '중독'의 목소리를 침묵시키고자 애씁니다. 다행히도, 『IFS 중독치료』는 이 모순—겉보기에 파괴적인 부분을 포함—을 억제하기보다는 인정해 주어야 한다고 인식하고 있습니다.

이 분야에서 20년 이상 몸 담고 있으면서, 저는 '약물에 의존하는 사람들은 질병을 갖고 있고, 받아들이지 못하는 상태이므로, 직면시켜 전문적인 '중독 치료'를 받아야 한다'는 잘못된 믿음에서 벗어나는 책을 거의 찾아보지 못하였습니다. 이 탁월하고 실용적인 책은 그러한 관점에 도전하고 거부하며, 심지어 중독이라는 용어 자체에 의문을 제기합니다.

저자들은 IFS에 대한 전문적인 이해를 필요로 하지 않는 논리적이고 명료한 단계적 접근법을 사용하며, 내담자와 치료사 둘 다를 위한 연습을 수록하고 있습니다. 이러한 연습은 치료사의 편견과 낙인 찍는 견해를, 중독 습관을 갖고 있는 사람들이 필사적으로 조화시켜야 할 필요가 있는 뿌리깊은 싸움에 대한 이해로 바꾸어 놓고 있습니다. 그러한 이유만으로, 이 책은 중독적으로 약물을 사용하는 사람들과 작업하는 모든 임상가들에게 필독서라 할 수 있습니다.

—**숀 쉘리**, 남아프리카 University of Pretoria 가정의학과

약물 과다 사용이 유행하는 가운데, 우리는 약물 사용 장애를 가진 사람들과 작업하기 위해 새로운 접근법이 필요한 상황이었습니다. 그런데 『IFS 중독치료』가 바로 그 역할을 하고 있습니다. 이 책은 IFS에 익숙하지 않을 수도 있는 사람들에게 충분한 서론을 제공하고 있습니다. 또한 임상가가 사용할 수 있는 수많은 구체적인 도구 및 실용적인 전략과 함께 약물 사용 장애를 개념화하고 치료하기 위한 독특한 안목을 제공하고 있습니다. 중독 분야에서 일하는 사람은 누구나 반드시 읽어야 할 책입니다.

—**J. 웨슬리 보이드, MD**, Baylor College of Medicine 정신의학 및 의료윤리학 교수

『IFS 중독치료』가 의료 문헌 무대에 등장하게 된 것에 깊이 감사드립니다. 이 책은 '중독자' 내면의 복잡하고 다층적인 역동과 그들을 둘러싼 사람들과의 작업을 위한 진정한 로드맵을 제공하며, 그동안 회피하거나 관리해 온 핵심적인 내적 고통에 도달하는 방법을 조명해주고 있습니다.

중독 과정에 대한 개요에서는 중독 역학, 치유 지도(healing map), 특히 마음이 이끄는 기술 훈련 및 경험 연습에 대해 철저히 연구한 바를 멋지고 명확하게 제시하고 있습니다. 중독 치료에서는 내담자—임상가 사이의 양극성이 중심 과제이기 때문에 치료사 역할뿐만 아니라, 중독 행동에 대한 치료사의 반응성을 다루는 구체적인 지시 사항이 특히 주목할 만합니다. 이 책에는 관련된 사례들, 그리고 그에 따른 포괄적인 치료 계획 및 지도가 풍성하게 기재되어 있습니다. 누구나 본질을 파악하고 정보를 이해할 수 있도록 구성되어, 이해 성장, 치유를 위한 구체적인 도구가 치료사, 내담자, 가족 구성원, 12단계 공동체 구성원 등을 위해 마련돼 있습니다.

중독 역동의 짐을 치료하거나, 이해하거나, 그것으로 고통을 겪는 모든 사람들에게 이 책을 적극 추천합니다.

—**사라 B. 스튜어트, PsyD**, 트라우마, 중독, IFS 및 EMR 분야의 전문가

머리말

중독에 대한 가장 일반적인 치료법은 중독을 질병 또는 의지력 결핍의 증거로 보는 것입니다. 두 관점 모두 치료사, 의사, 경찰, 법원, 그리고 도움을 구하고자 하는 개인들로 하여금 활동하는 중독 부분의 행동과 동기에 대해 호기심을 갖기보다는 그 부분의 추방과 통제를 촉진하고 있습니다. 중독률이 미국과 전 세계에서 매일 기록을 경신하고 있는 것으로 보아, 추방과 통제 노력은 분명히 역효과를 내고 있습니다.

이 책에서, 우리는 치료에 대한 대부분의 접근방식을 완전히 뒤집어 놓는, 내면가족시스템(IFS)의 렌즈를 통한 중독 프로세스의 또 다른 치료법을 제안합니다. 내담자들로 하여금 그들의 중독 부분을 추방하는 것이 아니라, 그 부분에 귀를 기울이고, 그 부분이 어떻게 내담자들을 보호하려고 애써왔는지를 배우고, 그 부분의 노력을 존중하도록 용기를 불어넣습니다. 언뜻 보기에, 이것은 위험하고 반직관적으로 보입니다 ─ 왜 누군가의 몸, 가족, 그리고 그들의 삶을 망가뜨리고 있는 질병이나 강박적이고 자기 파괴적인 습관을 존중한단 말입니까?

IFS 접근법은 당신이 IFS의 기본 전제 중 하나를 사실로 받아들일 때만 이해가 됩니다. 이 중독 행동은 질병의 증거도 아니고, 약한 개인의 통제할 수 없는 습관도 아닙니다. 어린 시절 어떤 순간에 필사적으로 내담자를 구하려는 마음에, 자신이 이 일을 계속 하지 않으면 끔찍한 일이 일어날 것이라고 생각하면서, 보호적인 (지금은 파괴적인) 역할에 빠져 꼼짝 못하는, 소중한 내적 존재의 선택인 것입니다. 다시 말해서, 종종 중독 부분들은 고통, 수치심, 그리고 공포와 같은 취약한 감정으로부터 당신의 주의를 돌리거나 마비시키고자 필사적으로 애쓰고 있거나, 자기 혐오나 자살과 같은 다른 무서운 보호자들이 다가오지 못하도록 애쓰고 있습니다. 결과적으로, 어떤 경우에는, 그들이 보호하고 있는 것을 치유하거나 변화시키고 난 다음, 비로소 자신들의 활동을 안전하게 중단할 수 있게 됩니다.

모든 사람들은 중독 프로세스를 가지고 있습니다. 비록 당신이 술을 너무 많이 마시지 않거나 문제가 되도록 약물을 사용하지 않더라도 당신은 무언가 다른 일을 합니다. 아마도 과로하고 있을 때 TV를 너무 많이 보든지, 슬플 때 과식하고는 나중에 음식 섭취를 제한할 수도 있습니다. 중독은 정상적이며 균형 잡힌 행동이 지금 현재 너무 극단적일 뿐인 것입니다.

우리는 중독에 대한 전통적인 접근법에 대해 잘 알고 있으며, 여러 형태의 중독 프로세스와 작업한 경험이 많은 IFS 치료사들입니다. 이 책에서 우리는 치료 패러다임 간의 차이를 설명하고 많은 예시를 제공하였습니다. 우리는 또한 내담자가 가지고 있는 신중하고 수치감을 불어넣는 관리 보호자들과 반항적이고 충동적인 중독 보호자들 사이의 휴전 협상을 위한 명확한 가이드라인을 제공할 것입니다. 그런 다음, 우리는—참자아의 호기심과 긍휼의 마음을 가지고—보호받고 있으며, 겁에 질리고, 충격받고 수치를 당한, 치유가 필요한 부분들에 다가갈 수 있는 허가를 얻습니다.

또한 우리는 치료사인 당신이 중독을 둘러싸고 양극화되어 있는 당신의 부분들을 알아가고 충분히 이해하는 데 도움을 줄 수 있는 경험적 연습을 수록하였습니다—그 연습을 내담자에게도 사용할 수 있습니다. 우리는 또한 씨씨가 개발한, 고도로 얽혀 빠져나올 수 없는 양극화된 시스템에 매우 유용한 내면 회의 테이블(inner conference table) 기법을 소개하고 설명하였습니다.

IFS 모델은 지난 10년 동안 큰 인기와 영향력을 갖게 되었습니다. 동시에 중독 프로세스는 복잡하며, 형편없는 치료 결과로 인해 중독은 일반적으로 치료하기 매우 어렵다고 보고 있어서, 우리 치료사들은 중독에 대한 우리 문화의 부정적인 믿음에 영향을 받지 않을 수 없습니다. 그 결과, 여전히 많은 IFS 치료사들이 중독 현상을 보이는 내담자들을 전통적인 치료센터나 전문 치료사에게 의뢰해야 한다고 계속해서 믿고 있습니다. 몇 군데에서 IFS 기반의 치료센터가 세워지고 있는 등 중독 치료에 혁명이 일어나고 있으며, 그래서 지금과는 달리 해야 한다고 우리는 주장합니다.

이 책에서는, 우리 문화 및 정신건강 분야에서의 중독에 대한 부정적인 편견을 반박하고 난 다음, 당신이 중독 프로세스에 관여하는 부분들에게 수치감을 불어넣지 않고, 그 부분들을 향하여 비병리적이며, 긍휼의 마음을 지닌 입장을 취하도록 초대합니다. 만약 당신이 이 초대를 받아들이고, 내담자들이 자신의 부분들이 긍정적인 느낌—즉, 인정을 받고, 받아들여지며, 조화를 이루고, 짐을 내려놓으며, 사랑받는다는 느낌 — 을 갖게 될 때 치료가 더 잘 이루어진다는 것을 알게 된다면, 당신은 내담자들과 함께 널리 소문을 퍼뜨릴 것이라고 기대합니다. 그 메시지는 혁명적인 운동이라 할 만한 가치가 있으며, 우리는 기꺼이 그 운동의 일부가 되겠습니다.

서론

중독 프로세스는 사람들의 몸과 마음, 그리고 정신에 영향을 미칩니다. 사람들이 약물을 강박적이고 반복적으로 사용하거나, 도박, 포르노, 고위험의 섹스, 과도한 음식 섭취나 음식 제한과 같은 습관적 행위를 하는 경우, 그들의 신체적 건강이 영향을 받고, 뇌의 상태가 바뀌어지며, 절망감이 발생됩니다. 친밀한 관계는 고통을 받으며, 가족은 헤어지고, 공동체는 파편화됩니다. 중독 프로세스를 겪고 있는 개인들은 매년 술, 마약, 포르노 사이트, 도박, 식료품 등을 모두 합하여 수십 억 달러를 지출하고 있습니다. 이것은 중독 치료 센터, 지역 정신 건강 센터 및 정부 시스템으로 하여금 이러한 중독 행동들을 해결하고, 예방하며, 치료하고, 판결을 내리거나, 감금하기 위해 수십 억 달러를 더 지출하게 만드는 결과를 가져왔습니다(Hart, 2021). 심리치료 분야에서 우리는 어디서부터 시작해야 할까요?

우리는 패러다임의 변화를 제안합니다. 우리는 내담자에게 왜 부정적인 결과를 초래하는 강박적인 행동을 하는가 묻지 않고, 이러한 행동이나 습관적 행위가 내담자에게 어떤 도움을 주는가 묻습니다. 우리는 왜 그들이 자신들을 현실 밖으로 끌어내는 회피성 해리 행동을 계속하는가 묻지 않고, 그들이 온전히 현재에 주의를 기울인다면 어떤 일이 일어날까 봐 두려워하는가 묻습니다. 우리는 내담자를 직면시키고 그들의 부인에 도전하는 방향으로 심하게 치우쳐 있는 대부분의 치료 모델이 갖고 있는 렌즈를 통해 중독 프로세스를 바라보는 것이 아니라, 내담자와 관계를 맺고, 우선 중독 행동을 활성화시키는 애착 혼란과 그 밖의 트라우마를 치유할 것을 제안합니다.

우리는 정신 세계가 많은 부분들을 가지고 있다는 생각에 기반을 둔 내면가족시스템(IFS) 치료라고 불리는 치료적 접근법으로 이 작업을 수행합니다. 한 부분이 상처를 입었을 때, 다른 부분들은 보호적인 역할을 시작하여 돕습니다. 어떤 보호적인 부분들은, 내담자가 일상적인 작업을 수행하고 사회적 연결을 유지하도록 돕기 위해 선제적으로 대응하는 역할을 하는 반면,

다른 부분들은 정서적 고통으로부터 주의를 돌리거나 달래는 반응적인 역할을 합니다. 이들 보호팀의 행동은 매우 다르지만 둘 다 긍정적인 의도를 가지고 있답니다. IFS는 내담자가 이러한 부분들에 대해 호기심을 갖고 그들이 누구를 왜 보호하고 있는지 발견할 수 있도록 돕습니다.

내담자들이 상담실의 문을 두드릴 때, 그들은 종종 장기적인 문제(단절과 수치감)에 대한 단기적인 해결책(중독 프로세스)에서 빠져나오지 못하고 있습니다. 그들은 낙담하고 패배감을 느끼고 있습니다. 하지만 IFS 치료사로서, 우리는 동일한 만남을 매우 다른 관점을 가지고 임합니다. 우리는 모든 부분들이 깊은 헌신과 선한 의도를 가지고 있다는 것을 알고 있습니다. 우리는 강박적인 부분들이 과거 비상 상황에는 잘 작동했을 수도 있지만 현재에는 비용이 지나치게 많이 드는 전략을 사용한다는 것을 알고 있습니다. 우리는 또한 이러한 부분들이 내담자가 안전하고 제 기능을 발휘하기를 원한다는 것을 알고 있습니다. 그리고 우리는 우리가 제공하는 옵션들이 효과가 있다고 확신합니다. 우리는 보호적인 부분들의 만성적인 권력 투쟁에 참여하는 대신, 내면의 의견 차이를 정상화시키고, 공동의 목표에 주목하며, 내담자로 하여금 갈등 가운데 있는 부분들의 싸움을 말리고, 그들이 협상할 수 있도록 돕도록 안내합니다.

이 매뉴얼에서 우리는 중독 사이클을 설명하고, 권력 투쟁 없이 내담자와 관계를 맺는 일련의 직접 개입을 설명하며, 근본적인 정서적 고통을 해결하기 위한 안전하고 명확한 절차를 제공하는 등, 중독 행동에 대한 IFS 치료 계획을 제공합니다. 우리는 많은 경험적 연습과 상세한 사례를 수록하여, 내담자가 스트레스를 피하고, 고통을 자가 치료하기 위해 사용하는 다양한 위험 행동에 IFS를 적용할 수 있도록 하였습니다. 우리는 중독 프로세스와 작업할 때 불안감을 느끼는 IFS 치료사들뿐만 아니라, 중독을 치료하는 데 불편함을 느끼지는 않지만, 새로운 옵션을 탐구하고자 하는 모든 치료사들이 이 매뉴얼을 사용해보기를 희망합니다.

IFS는 긍휼의 마음을 바탕으로 내면에 초점을 맞춘 경험적인 심리치료를 시스템 사고와 결합한 것입니다. IFS는 임상가와 내담자가 함께 부드럽게 치유에 도달하도록 해줍니다. 우리는 평범한 일반 사람들이 충성스럽고, 다정하며, 성공적일 수 있지만, 또한 한편으로는 중독 프로세스의 한가운데에 있기 때문에 자신과 다른 사람들에게 파괴적일 수 있다는 것을 알고 있습니다. IFS 모델은 그와 같은 복잡성 수준에 맞출 수 있습니다.

제1장

내면가족시스템 치료의 개요

IFS의 핵심 가정

리처드 슈워츠가 개발한 심리치료의 IFS 모델은 세 가지 가정을 기반으로 합니다. 첫째, 모든 사람은 소인격체라고 알려진 많은 부분들을 가지고 있으며, 그들 나름대로의 내면 공동체에서 서로 관계를 맺으며, 가족 및 더 큰 그룹들이 작동하는 방식과 거의 같은 방식으로 작동합니다 (Schwartz & Sweezy, 2020). 부분들은 정상입니다. 많은 부분들을 갖고 있는 것도 정상입니다. 그들은 평생에 걸쳐 발달 순서대로 발현되며, 서로 다른 나이에 등장하고, 몸 안의 서로 다른 장소에서 나타납니다. 각각의 부분은 자기 나름대로 자신의 감정과 신념을 표현합니다.

둘째, 겉으로 보이는 첫 인상과는 달리, 정신 세계의 내적 행위자들은 무작위적이거나 서로 무관하지 않습니다. 그들은 하나의 시스템이고 패턴화된 방식으로 서로 관련을 맺으며 동맹을 형성하고 양극화를 이룹니다. 한 부분(혹은 여러 부분들로 이루어진 한 팀)이 안전해지기 위한 노력으로 극단적이 되는 경우, 다른 부분이 균형을 회복하기 위해 다른 방향으로 이동합니다. 권력 투쟁이 이어지며 양측은 더욱 극단적이 되어, 정서적인 고통을 강화시킵니다. IFS에서 우리는 중독을 가진 내담자를 치료할 때 대립하는 부분들 사이의 양극화에 직접 초점을 맞춥니다.

셋째, 모든 사람은 부분들 외에도 슈워츠가 참자아라고 일컫는 것을 가지고 있습니다. 내담자가 자신의 부분들이 통제하기 위해 경쟁하기보다는 협력할 때 느끼는 바를 묘사하기 위해 그 단어를 사용했기 때문에 슈워츠는 이 단어를 사용하게 되었습니다. 그들은 더 차분하고, 더 수용적이며, 더 넓은 느낌이 들었고, "나는 이제 좀 더 내 자신이 된 느낌이에요."라 말하곤 하였습니다. 이 개념을 좀 더 일상적으로 사용하는 단어와 구별하기 위해 슈워츠는 자신의 글에서 참자아(Self)의 S를 대문자로 썼습니다. IFS에서 우리는 참자아를 손상되지 않은 타고난 자원으로 봅니다. 내담자들이 자신의 참자아와 연결되었을 때, 호기심(curiosity), 침착함(calmness), 용기(courage), 긍휼의 마음(compassion), 창의성(creativity), 관계 맺음(connection), 자신감(confidence), 그리고 명료함(clarity)과 같은 속성들을 체현하는데 슈워츠는 이것을 '참자아 에너지의 8C'라고 불렀습니다. 중독 치료에서는 내담자가 건강한 의사결정을 할 수 있는 역량 증대가 특히 중요하므로, 이 매뉴얼에서는 목록에 선택(choice)이라는 C를 하나 더 추가합니다.

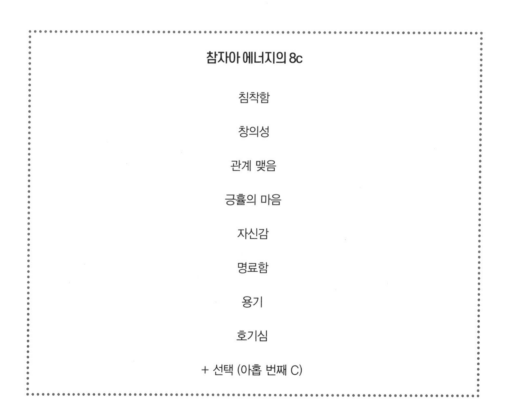

참자아 에너지의 8c

침착함

창의성

관계 맺음

긍휼의 마음

자신감

명료함

용기

호기심

+ 선택 (아홉 번째 C)

정신 세계의 다중성은 병리현상이 아닙니다

내면가족시스템에서 부분들은 세 가지 뚜렷한 범주로 역할을 맡고 있는데, 그것은 관리자, 소방관, 추방자입니다. 관리자는 통제하는 부분들로서, 선제적으로 대응하고, 목적을 갖고 있으며, 미래 지향적입니다. 대조적으로 소방관은 반응적이고, 충동적이며, 강박적이고, 현재 지향적입니다. 비록 그들이 서로 다른 방식으로 행동하지만, 관리자와 소방관은 민감하고 취약한 부분들—자신들이 갖고 있는 정서적 고통으로 전체 시스템을 압도할 수 있는 추방자—을 보호하고, 그들이 일상적인 의식 가운데로 들어오지 못하도록 하는 공동의 목표를 갖고 있습니다.

비록 이 세 가지 범주의 부분들이 극단적일 수 있지만, 그들은 모두 정신 세계에 필요 불가결한 것이고, 각각은 우리의 삶에서 없어서는 안 될 역할을 수행하고 있습니다. 열린 마음을 갖고 있는 취약한 추방자들은 우리에게 호기심, 자발성, 기쁨을 가져다줍니다. 관리자들은 우리가 잘 기능하고 일을 완수할 수 있도록 확실히 해줍니다. 그리고 소방관들은 우리가 시간을 내어 휴식을 취하고 즐거움을 가질 수 있도록 해줍니다. 일단 내면시스템이 참자아를 신뢰하고 그의 이끎을 기꺼이 따른다면, 내담자는 모든 부분들을 따뜻이 맞는 것이 유익하다는 것을 발견하고 각각의 장점들을 인정하게 됩니다.

관리자 : 선제적이고 미래에 초점을 맞춘다

관리자에 관한 한, 그 이름이 모든 것을 말해줍니다. 이 범주의 보호자들은 정서적 고통을 초래할 수 있는 모든 상황에 대해 사전에 계획하는 등, 시스템을 보호하기 위해 자신이 할 수 있는 모든 것을 합니다. 이 목적을 위해, 그들은 두 가지 서로 다른 목표를 추진합니다. 첫째, 그들은 직장 생활을 유지하고, 살 곳을 제공하며, 사회적 관계를 해결해주는 것과 같은 기본적인 것들을 돌봅니다. 둘째, 그들은 일의 진척과 개인적인 성공을 촉진시킵니다.

예를 들어, 쉬지 않고 애쓰는 관리자는 내담자가 직장에서 승진하거나, 더 나은 성적을 받거나, 집에서 새로운 육아 기술을 배우도록 동기를 부여할 가능성이 있습니다. 혹은 판단하는 관리자는 내담자에게 너무 화를 내고 있다거나 너무 미루고 있다고 경고할 수 있습니다.

관리자의 일반적인 행동에는 과업 지향적이고, 합리적이며, 지시적이고, 분별력이 있으며, 신중하고, 조심스러우며, 비판적이고, 조직적이며, 분석적이고, 진지하며, 돌보고, 염려하며, 사려 깊고, 인정을 추구하며, 경계심을 갖고, 주의를 기울이는 것이 포함됩니다. 관리자의 행동은—심지어 비판도—업무, 생활 조건 및 주요 관계에서 최소한 합당한 수준의 안정성이 확보되도록 설계되어 있습니다. 균형 잡힌 시스템에서 내담자는 관리자 주도의 성과로부터 확고한 자신감, 만족감, 자부심을 얻게 됩니다. 관리자들은 일반적으로 내담자가 가능한 한 긍정적으로—즉 현명하고, 호감이 가며, 친절하고, 준비가 되어 있으며, 그들이 택하는 모든 영역에서 성공적으로—보이기를 원합니다. 이러한 행동들은 우리의 더 큰 사회 문화에 의해 받아들여지고 강화되는 경향이 있기 때문에, 우리는 관리자들의 대부분의 견해와 동일시하기 쉽습니다.

하지만 어떤 관리자들은, 특히 고통스러운 순간에 우리를 보호하기 위해 많은 노력을 해야 합니다. 내담자들이 중독 프로세스와 힘들게 싸우고 있을 경우, 그러한 관리자들은 일반적으로 요구가 많고, 통제적이며, 강박적이고, 심지어는 악랄하기까지 합니다. 한때 사회에서 받아들여졌던 행동이 이제는 엄격한 명령이 될 가능성도 있습니다. 예를 들어, 더 잘하고 싶은 단순한 욕망은 흠잡을 데가 없어야 한다는 가혹한 요구로 나타날 수도 있고, 조금이라도 완벽하지 못한 것은 쓸모 없는 것으로 간주하도록 만들기도 합니다. 이러한 관리자들은 실수에 대한 인내심이 없고 두려움이나 민감성에 대한 인내심이 거의 없습니다. 심지어 내담자들이 직장과 가정에서 제대로 기능하고 있을 때에도, 이 부분들은 결코 만족하지 않습니다. 그들은 내담자를 경멸하고, 우월감을 가지고 옳고 그름을 판단하며, 남 탓을 하면서, 속으로 비난을 쏟아 놓습니다. 전반적으로, 그들의 의도는 긍정적이지만, 그들의 행동은 내면의 수치감 저장고를 가득 채우고, 항상 약물이나 그 밖의 방법으로 안도감을 가져올 준비가 되어 있는 반응적인 소방관 부분들을 동원하게 됩니다.

중독 시스템에서 관리자 부분들의 일반적인 행동

- **남 탓하는 비판자** : 적대감과 경멸로 소방관을 공격한다.

- **수치감을 불어넣는 판사** : 소방관의 행동이 비도덕적이거나 나쁘다고 평가한다.

- **완벽주의자** : 실수를 매우 두려워하고 오직 한 가지 방법만이 맞다고 가정한다.

- **논리적 합리주의자** : 감정이 아닌 사실만을 고려하여 해야 할 일을 분석한다.

- **지식인** : 행동으로 옮기는 대신에 문제에 대해 이야기하는 것을 선호한다.

- **분투하는 자** : 경쟁심이 강하고 자신과 다른 사람에게 많은 것을 요구한다.

- **구조자** : 다른 사람들이 위험한 행동으로 인해 겪게 될 결과를 예방한다.

- **해결사** : 다른 사람의 행동이나 문제에 대해 개인적으로 책임을 진다.

- **돌보미** : 다른 사람의 감정에 대해 지나친 염려를 한다.

- **퍼주는 사람** : 잘못에 관대하고 경계를 지키기 힘들어한다.

- **똑똑한 척하는 사람** : 항상 옳으며 일이 자신의 방식대로 행해지기를 원한다.

- **통제자** : 소방관을 비롯해 규범을 따르지 않는 사람을 공격한다.

중독 시스템에서 관리자의 일반적인 특징

- 그들은 과업을 완수하고, 생산적이고 좋은 것을 가치 있게 여기는 책임감 있고 강박적인 작업자들이다. (이 부분은 다음과 같이 말할지 모른다 : "이게 진짜 나야.")

- 그들은 외모에 신경을 쓰고, 합법적이고 가치 있으며 정상적으로 보이려고 노력한다.

- 그들은 만성적으로 불안하고 경계심이 강하다. 그들은 긴장을 풀지 못하고, 참자아, 소방관을 비롯해서 추방자 누구도 신뢰하지 못한다. 그래서 그들은 매우 독립적이다.

- 그들은 추방자들과 소방관들이 적대적이고 수치감을 불어넣으며 남 탓하는 행동을 하면서 장악하는 것을 막기 위해 과도하게 일한다.

- 그들은 목 위(가슴이 아닌 머리) 쪽에서 작동하고 감정을 최소화하거나 무시한다.

관리자의 일반적인 두려움

- 소방관이 활동할 때 발생하는 혼란과 예측 불가능성에 대한 두려움

- 특히 소방관이 활동한 후에 수치심과 쓸모없다는 느낌이 내면시스템을 뒤덮을까 봐 두려워한다.

- 참자아가 소방관들을 도울 수 있을 만큼 강하지 않을까 봐 두려워하고, 종종 참자아가 실제로 존재하는지를 의심한다.

- 비밀, 옛 기억 및 고통스러운 정서적 상처가 노출되어 다시 상처를 입을까 봐 두려워한다.

- 아무것도 변하지 않을까 봐, 소방관들이 그들의 행동을 바꿀 수 없을까 봐, 그리고 근본적인 고립과 큰 슬픔, 수치심이 치유되지 않을까 봐 두려워한다.

소방관 : 반응적이고 현재에 초점을 맞춘다

여러분의 마을이나 도시에 있는 소방관들은 용감하고 헌신적이며 행동할 준비가 되어 있습니다. 그들은 자신들의 목숨을 걸고 다른 사람들을 구하기 위해 어떤 일도 마다하지 않습니다. 슈워츠가 두 번째 범주의 보호자들에게 이름을 붙였을 때 마음에 그렸던 이미지가 이것입니다. 주의를 산만하게 하는 자 혹은 달래는 자로도 알려진 소방관 부분은 반응적입니다. 그들은 쓸모없으며 사랑스럽지 않다고 느끼는 정서적 고통이 의식으로 뚫고 들어올 때 즉시 행동으로 옮겨, 주의를 딴 데로 돌리고, 몸을 달래기 위해 어떤 일이든 행합니다.

어떤 소방관 행동은 사회적으로 조금 더 수용 가능한 것으로 보이기도 합니다. 간식, 단 것 먹기, 술 몇 잔 마시기, 대마초가 들어있는 음식 먹기, 수면제 먹기, TV 보기, 운동, 쇼핑, 공상, 독서, 잠자기, 치근덕거리기, 비디오 게임, 모험적인 스포츠 하기 등이 여기에 포함됩니다. 그러나 보다 극단적인 소방관 행동에는 고위험 음주나 약물 사용, 다이어트, 자해, 만성적인 포르노 집착, 고위험 도박, 폭력 등이 포함됩니다. 때로는 정서적인 고통을 달래는 데 두 가지 이상의 활동이 필요하므로, 다양한 소방관들이 동시에 출동하기도 합니다. 예를 들어, 술이나 약물 사용이 도박이나 위험한 성행위와 결합될 수 있습니다. 이러한 단기 해결책이 잦아들지 않고 계속되면 장기적인 비용이 발생하지만 소방관 부분들은 즉각적인 완화에만 관심이 있습니다.

소방관들은 회피의 도구이지만, 한편으론 숨겨진 즐거움도 제공합니다. 이런 즐거움은 새로운 것이 아닙니다. 역사적으로 인간은 항상 자극적이고, 긴장을 풀어주며, 기분을 전환시키는 초월적인 행동 양식에 관여해왔습니다. 기원전 7000년부터 기원전 6600년까지로 추정되는 중국 북부에서 발견된 항아리에서는 인간이 술을 빚었다는 초기 증거가 발견되었습니다. 기원전 3400년 고대 수메르인들은 붉은 양귀비 꽃을 "기쁨의 식물"이라고 불렀습니다. 대마초와 페요테(선인장 마약)에 대한 초기 증거는 적어도 2,500년 전으로 거슬러 올라갑니다. 도박은 선사시대인 구석기 시대에 시작되었으며, 가장 오래된 6면 주사위는 기원전 3000년경 메소포타미아에서 시작되었습니다. 성적 쾌락의 추구는 물론 어디에나 있지만, 언제, 누구와, 어떻게 성관계를 갖는가에 대한 풍습은 항상 매우 다양했습니다.

이런 식으로, 소방관 부분들은 항상 우리의 삶에서 중요한 역할을 해왔습니다. 균형 잡힌 시스템―즉 깨어 있는 모든 시간을 상처 입은 부분으로부터 주의를 돌리거나 그것을 달래는 데 쓸 필요가 없는 시스템 — 에서는, 그들이 자신들의 자발적이고 활기 넘치는 에너지를 다른 활동을 하는 데 사용할 수 있게 됩니다. 더 나은 환경에서는 기어 변속을 하고, 배경을 바꾸며, 긴장을 풀고, 휴식과 즐거움, 재미, 새로움을 도모함으로써 관리자의 추진력에 대항하여 좋은 방식으로 균형을 잡아줍니다(Sykes, 2016). 그들은 초콜릿을 먹거나, 차가운 음료를 벌컥벌컥 들이키거나, 산악자전거를 타고 내리막길을 달리거나, 조용한 오후에 낮잠을 자는 등 감각적인 경험으로 성취에 대한 관리자적 초점을 상쇄시킵니다. 우리가 그들의 의도에 가까이 귀를 기울이면 극단적인 역할에 갇혀 있는 소방관들조차도 우리가 즐거움과 휴식, 그리고 관점의 변화를 갖기를 원하고 있습니다. 그들은 일상 생활의 단조로운 안전에 휴식과 회복뿐만 아니라 묘미와 모험을 더해줍니다.

중독 시스템에서 소방관의 일반적인 행동

- 알코올 사용
- 처방약 또는 불법 약물 사용
- 섭식장애(폭식, 구토, 허기가 아닌 위안을 얻기 위한 식사 또는 섭식 제한)
- 도박과 낭비
- 성적 집착, 만성적인 성적 환상 또는 위험한 성행위
- 자해(자상, 머리 찧기 등)
- 자살 생각 또는 시도
- 격분, 폭력, 착취 또는 다른 사람에 대한 학대
- 해리, 주의를 기울이지 않음, (생각이) 떠남 또는 현재에 대한 인식 결여
- 성공, 권력 또는 완벽한 관계의 이상화된 이미지에 대한 환상

중독 시스템에서 소방관의 일반적인 특징

- 그들은 혼란스럽고, 통제가 되지 않으며, 계속 약물을 사용하고자 하는 충동을 받는다.
- 그들은 충동적이고(결과에 대해 생각하지도 않고, 염려하지도 않음) 강박적이다(선택하려는 생각이 없다).

- 그들은 복잡하다 — 지나치게 자극적인 방식으로 달래거나 주의를 산만하게 할 수 있다.

- 그들은 심지어 포화 속에서도 물러서지 않는다는 점에서 용맹스럽다. 그들은 시스템을 위해 총알받이가 되고자 한다.

- 그들은 자아도취적이고, 자신에게만 관심이 있으며, 주로 내담자의 시스템 내 특정 부분들이 갖고 있는 감정과 충족되지 않은 욕구에 관심을 갖는다.

- 그들은 피드백에 저항하며, 자신들의 행동이 내담자와 다른 사람들에게 미치는 영향에 주목하거나 귀를 기울이는 것을 회피한다. 결과적으로 그들은 부인하며, 증거를 숨기고, 내담자가 사용하고 있는 약물의 양을 (거짓말로) 최소화한다.

- 그들은 헌신적이며 추방자들이 충분히 안전하다고 확신할 때까지 그 일을 계속한다.

소방관의 일반적인 두려움

- 추방자들의 무망감과 절망이 시스템을 뒤덮고 기능적 붕괴를 가져올 거라는 두려움

- 관리자들이 극도로 수치감을 불어넣으며 억제할 것이라는 두려움, 그리고 그들이 자살 시도 부분을 떠올릴지도 모른다는 두려움

- 관리자들이 다른 사람들을 너무 많이 수용할 것이라는 두려움

- 치료사, 관리자 부분들, 가족 구성원, 파트너 등이 해로운 방식으로 내담자를 통제할 것이라는 두려움

- 꼭 필요한 보호자로서의 역할이 과소평가될 것이라는 두려움

- 자신들이 오해받게 될 것이라는 두려움

추방자 : 정서적으로 감당하기 힘들어하며 과거 지향적이다

부분들의 세 번째 범주인 추방자는 내면시스템의 어리고 예민하며 가장 취약한 부분들입니다. 양육과 보호를 받을 때, 그들은 순수함과 다른 사람들에 대한 신뢰와 열린 마음을 드러냅니다. 하지만 다른 사람들에게 의존하여 양육을 받기 때문에 이 연약한 부분들은 상처받기 쉽습니다. 그들은 방치에 대한 모욕감이나, 성적·신체적·정서적 잘못에 대한 고통을 쉽게 자신들 고유의 가치에 대한 정보로 해석합니다. 그 결과, 그들은 외로움을 느끼고, 자신들이 쓸모가 없으며, 약하거나, 자격이 없거나, 사랑스럽지 않거나, 나쁘다는 신념으로 마음의 짐을 짊

어지게 됩니다. 관리자들과 소방관들은 이러한 신념과 감정을 두려워하며, 그들은 추방자들을 비롯하여 그들의 통합되지 않은 기억과 치유되지 않은 애착 상흔을 의식에서 추방하기 위해 지나치게 일하게 됩니다. 보호자들이 이 작업에 자신들의 에너지를 쏟는 정도는 추방자의 상처에 비례하게 됩니다. 상처가 심할수록, 보호자들은 자신들의 일에 더 많은 에너지를 쏟게 됩니다.

추방자를 갖고 있다는 것이 단순히 우리의 부모나 돌보미들이 신경을 쓰지 않았거나, 부주의 했거나 태만했다는 것을 의미하지는 않습니다. 완벽하게 우리에게 맞추어 주고 항상 도움을 줄 수 있는 사람은 아무도 없습니다. 이러한 이유로, 우리 모두는 어느 정도 상처를 입고 추방된 부분들과 이 부분들을 방어하는 보호자들을 가지고 있습니다. 그러나 환경으로부터의 지원이 적을수록 상처가 커지며, 보호자들은 상처받은 부분들을 추방해야 한다는 의무감을 더 많이 느끼게 됩니다. 예를 들어, 가족이나 지역사회에서 소외된 아동(예 : 트랜스젠더 또는 동성애를 혐오하는 환경 가운데 있는 트랜스젠더나 게이 아동), 중요한 상실(예 : 부모의 사망)을 경험한 아동, 방치되었던 아동(예 : 음식이나 의료, 치과 의료, 주거의 결핍), 가혹하게 다루어졌던 아동(예 : 신체적 · 성적으로 학대 받음), 착취당한 아동(예 : 형제자매들에게 일차적인 돌봄을 제공하게 만듦)은 어린 나이에 극단적인 보호자들이 발달할 가능성이 높습니다. 사실 거친 환경에서 자란 내담자들은 종종 6살이나 8살이 될 때쯤이면 가게에서 절도를 하거나, 담배를 피우거나, 위안을 얻기 위해 음식을 먹는 것에 끌렸다고 이야기합니다. 이것들은 그들의 첫 번째 소방관 활동이었습니다. 그들의 상황이 더 심각해질수록, 그들의 보호자들은 자신들을 뒤덮고, 내면시스템을 마비시키고자 위협하는 감정들을 추방하기 위해 더 열심히 일하게 된 것입니다.

이것은 합당한 이야기입니다. 어느 누가 지속된 정서적 고통의 맹공을 피하려 하지 않겠습니까? 아이들이 외부적으로 보호받지 못할 때, 그들은 가까이 손에 넣을 수 있는 도구로 내적인 보호를 이루어냅니다. 이러한 개념은 어린 시절 트라우마가 인생 후반의 건강에 좋지 않은 다양한 결과와 관련이 있다는 것을 발견한 '어린 시절 역경의 경험(Adverse Childhood Experiences, ACE)' 연구에 의해 증명되었습니다(Felitti et al., 1998). ACE 연구는 어릴 적 트라우마에 노출되었던 사람들은 니코틴, 알코올, 약물, 위안을 주는 음식으로 자가 처방하는 소방관 부분들이 발달할 가능성이 있으며, 발달 과정 내내 관리자 부분들이 자기 임무를 다하며 기능하기 위해 애쓰고 있었다는 사실을 보여주었습니다.

우리의 관점에서, 큰 비용을 발생시키는 위험한 생활 방식에 갇혀 있던 내담자들조차 지금이라도 상처 입은 부분들을 치료하고자 한다면 결코 늦은 것이 아닙니다. 추방자들은 더럽혀진 정체성이라는 엄청난 짐을 짊어질 수도 있지만, 그들의 자연스런 상태는 잘 양육된 아기나 어린아이들의 신뢰할 수 있고, 열린 마음을 갖고 있으며, 장난기 많은 본성입니다. 이 부분들의 취약성을 존중하고 보호할 때, 우리는 내담자가 경이로움, 기쁨, 가벼운 마음에 지속적으로 접근할 수 있도록 도울 수 있습니다. 우리는 내담자들이 힘들어 하는 문제로 압도당하거나 책임감을 느끼지 않으면서, 걱정 없이, 새로운 경험에 마음을 열고, 다른 사람들에게 민감할 수 있도록 도울 수 있습니다.

IFS에서, 우리는 내담자들이 그들의 참자아를 재발견하고, 감당할 수 없는 신념의 짐 ─ 이를 테면, '나는 감당 못해' 혹은 '나는 부족해' ─을 짊어지고 있던 추방자를 해방시키도록 안내합니다. 우리는 그들이 이러한 신념이 사실에 입각한 정보가 아니라 경험의 산물이라는 것을 인식하도록 돕습니다. 어떤 사람들에게는 이 길이 가다 서다를 반복하는 긴 여정입니다. 그러나 중

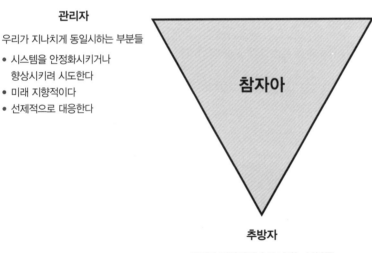

시스템 : 균형 잡기*

관리자

우리가 지나치게 동일시하는 부분들

• 시스템을 안정화시키거나 향상시키려 시도한다
• 미래 지향적이다
• 선제적으로 대응한다

소방관

우리가 거부하거나 감추는 부분들

• 정서적인 고통을 달래거나 주의를 딴 데로 돌린다
• 현재 지향적이다
• 반응적이다

참자아

추방자

우리가 억압하거나 무시하는 부분들

• 에너지를 흡수한다
• 과거 지향적이다
• 압도한다

* C. Sykes의 "An IFS Lens on Addiction: Compassion for Extreme Parts,"에서 인용. 출처 : M. Sweezy & E. L. Ziskind (Eds.), *Innovations and Elaborations in Internal Family Systems Therapy* (p. 30), 2017, Routledge (https://doi.org/10.4324/9781315775784). Copyright 2017.

독 행동의 재발을 예방하는 기술은 추방자들과 안전하게 연결하는 기술이며, 이 기술은 가르치고 배울 수 있습니다.

참자아가 문제의 핵심이다

우리가 앞서 논의하였듯이, 참자아는 우리가 친절하게 인식하고, 깨어 주의를 기울이고 있는 자리입니다. 참자아는 안팎의 우리 경험에 대해 궁휼의 마음을 갖고 있는 비판단적인 목격자입니다. 참자아는 부분들의 활동에 의해 가려질 수 있는 앎의 내면 장소이지만, 태양처럼 폭풍우가 개이면 항상 존재하고 도움을 줄 수 있습니다. 내담자들이 치료 과정에서 자신의 참자아를 체현하면서, 그들의 인식은 확장되어 외부 관계 영역과 내면 영역을 둘 다 아우르게 됩니다.

우리가 내담자의 혼란스러운 자기 파괴 이야기에 귀를 기울일 때, 우리는 "이 사람이 참자아를 가지고 있기나 한가?"라고 의문을 가질 수도 있습니다. 좋은 질문입니다. 정기적으로 약물을 사용하거나 다른 중독 행위에 관여하는 내담자는 통찰력이나 자신감의 순간에 거의 접근하지 못할 수 있습니다. 하지만 그들의 참자아 에너지는 좀 더 미묘한 방식으로 나타나며, IFS 치료사는 모든 내담자들이 치료를 시작할 때부터 한 번에 잠깐 동안일지라도 그들의 참자아에 접근할 수 있는 능력을 가지고 있다는 것을 이해하고 있습니다. 예를 들어, 참자아는 다음과 같은 모습, 즉 걱정을 덜하는 삶을 바라는 단순한 소망, 더 나은 부모가 되고 싶은 다급한 갈망, 또는 아침에 일어났을 때 기분이 나아지고 싶은 바람으로 나타날 수 있습니다. 내담자들은 또한 흥분되거나, 변형된 마음 상태 가운데에서도 지혜로운 내면의 목소리가 들린다고 이야기할 수도 있습니다. 내면의 목소리는 그들에게 위험을 경고할 수도 있고, 집에 가라고 이야기할 수도 있으며, 친구를 돌보라고 상기시킬 수도 있습니다.

치료 과정에서, 우리는 이러한 조그만 명료함의 순간들로부터 출발할 필요가 있습니다. 우리는 내담자의 활성화된 부분들을 식별하고 흩어지게 하는 데 초점을 맞춤으로써 그들이 최소한 어느 정도의 내면의 평온, 고요함, 지혜 및 따뜻함을 경험할 수 있게 합니다. 그것은 때때로 우리가 한 번에 겨우 1~2센티미터씩 앞으로 나아가는 달팽이의 속도로 진척을 이루고 있는 것처럼 느껴질 수 있습니다! 하지만 부분들이 주목을 받고, 참자아와 연결될 기회가 생기게 되면, 그들은 긴장이 풀리므로 시스템의 나머지 부분에 유익을 가져다줍니다. 중요한 것은 이러한 새로운 참자아-부분의 연결이 내담자에게 많은 선택의 순간을 제공하며, 선택 하나하나가 새로운 행동을 시도할 수 있는 기회가 된다는 것입니다.

IFS의 임상 적용을 위한 기본 개념

섞임

IFS를 숙달하기 위해서는 섞임의 개념을 이해해야 합니다. 내담자가 특정한 감정으로 뒤덮인 느낌을 갖고 있거나 어느 한 부분의 관점에서 말하는 경우, 우리는 이 부분이 섞여 있다고 말합니다. 예를 들어, 어떤 내담자가 매일 술을 마시지만 "내가 술을 마신다고 어떤 것도 절대 다치지 않아!"라고 선언한다고 가정해보겠습니다. IFS 치료사는 이것을 술을 사랑하거나 술 마실 필요가 있다고 느끼는 소방관 부분이 하는 말로 듣습니다. 이 소방관 부분은 강한 감정과 큰 영향을 갖고 있지만, 그 부분이 내담자의 최선의 판단이나 시스템 대부분의 견해를 나타내는 것은 아니라는 것입니다.

마찬가지로 어떤 내담자가 폭식과 싸우고 있으며, 야식 패턴에 대해 낙담하고 있다고 가정해보겠습니다. 그는 혐오감으로 소리칩니다. "끔찍해. 이렇게 계속할 수는 없어. 중단해야겠어!" 여기서 내담자는 강박적으로 먹는 것에 대해 크게 실망하지만 먹는 것의 기능에 대해서는 궁금해하지 않습니다. IFS 치료사는 이것을 내담자가 그들의 참자아와 연결되어 있는 것이 아니라, 판단적인 관리자와 섞여 있다고 말합니다.

분리시키기

부분들은 세 가지 방법 중 하나로 나타날 수 있습니다. 첫째, 부분들은 생각이나 아이디어의 모습을 보일 수 있습니다. 예를 들어, 어떤 내담자는 다음과 같이 생각합니다. '이제 보니, 이 일이 더 이상 내게 적합하지 않아.' 둘째, 부분들은 신체적 감각이나 충동적인 욕구로도 나타날 수 있습니다. 어떤 내담자는 빠른 심장박동이나 도망하고 싶은 욕구, 혹은 먹거나, 마약이나 도박, 포르노에 대한 갈망을 경험합니다. 셋째, 부분들은 느낌이나 기분으로도 나타날 수 있습니다. 예를 들어, 어떤 내담자는 다음과 같이 말합니다. "하루 종일 걱정했어요." 혹은 "아들 때문에 너무 슬퍼요." 내담자들은 보통 섞인 부분들을 인식하지 못하고 오히려 그들과 동일시하기 때문에, IFS에서 치료사의 일차적인 역할은 "부분 탐지기"가 되어 내담자를 안내하여 그 부분이 분리되도록 돕는 것이 됩니다.

이를 위해 우리는 내담자들이 그들의 부분들을 감지하도록 돕고, 표적 부분이 분리되면 유익을 얻을 것이므로 표적 부분을 설득하라고 안내합니다. 치료사는 이렇게 말할 수도 있습니다. "우리는, 정말로 술 마시는 데만 열중하고 있지 다른 어떤 문제도 보지 못하는 당신의 한 부분이 하는 이야기를 듣고 있는 것 같습니다. 맞나요?" 또는 "당신에게는 야식에 대해 걱정하고 있는 매우 비판적인 한 부분이 있는 것처럼 들립니다. 그 부분이 하는 이야기가 들리나요?" 만약 내담자가 그 부분에 채널을 맞출 수 있다면, 치료사는 내담자들이 그 부분의 의도와 두려움에 대해 인터뷰하도록 도울 수 있게 됩니다.

때때로 내담자는 여러 부분들과 꼬리를 물고 연속적으로 섞여 있기 때문에 내담자는 한 생각, 느낌 또는 충동적 욕구에서 다음 것으로 떠다녀, 이것들이 서로 상충되기도 합니다. 예를 들어, 어떤 내담자는 자신의 여러 부분들이 그들의 가슴에 맺힌 이야기를 쏟아 놓는 것으로 회기를 시작할 수 있습니다. "지금 하고 있는 일을 그만둬야 할 것 같아요. 그 일이 더 이상 나한테 도움이 되지 않고 있어요. 일주일 내내 그곳을 떠나고 싶었지만 그럴 여유가 없었어요. 그리고 내가 집에 없을 경우, 딸에게 무슨 일이 생길지 너무 걱정돼요. 어젯밤에 술을 그렇게 많이 마시지 말았어야 했어요. 하지만 더 이상 잠을 잘 수가 없었어요. 오늘 아침 늦잠을 자서 늦게 왔어요!"

부분들이 의식 안에서 주목의 대상이 되고자 다툴 경우, 감정들이 섞이고 생각들이 싸움을 벌입니다. 그러나 한 부분이 주목을 받든, 여러 부분들이 교대로 들어오고 나가든 간에, 우리의 목표는 내담자의 내면에 참자아를 위한 공간을 만드는 것입니다. 이것은 내담자의 모든 부분들이 기꺼이 분리되고자 할 때 가능합니다. 이를 위해 우리는 내담자가 처음에 많은 부분들을 이야기하더라도, 하나의 표적 부분만을 고르라고 요청합니다. 그런 다음 우리는 "[**표적 부분**] _____을 향해 어떤 느낌이 드시나요?"라고 질문합니다. 내담자들의 답변으로 섞여 있는 부분들이 존재하는지, 혹은 모든 부분들이 분리되었는지, 내담자의 참자아가 존재하는지를 알 수 있게 됩니다.

한 부분이 분리되지 않거나, 많은 부분들이 꼬리를 물고 연속적으로 섞여 있는 경우, 우리는 그들의 갈등—예를 들어, 한 부분은 일터를 떠나고 싶어하지만 다른 부분은 떠나고 싶어하지 않거나, 또는 한 부분은 밤에 술을 마시고 싶어하는데, 다른 부분은 그러고 싶어하지 않거나

―을 지적하고, 양쪽을 모두 돕겠다고 제안합니다. 우리는 이 모든 부분들이 기꺼이 분리되어 내담자의 참자아로부터 짧은 시간이나마 잠깐의 친절과 관심을 받고 싶은지 질문합니다. 일단 그들이 그런 식으로 연결이 되면 우리는 어떤 부분이 내담자의 관심을 제일 먼저 필요로 하고 있는지 질문할 수 있습니다. 모든 부분들이 서로를 눈치 보는 잠깐의 순간은 지금까지 몰랐던 것들을 드러내 주게 되는데, 우리는 이것을, 시간이 지남에 따라 모든 부분들이 분리되도록 돕는다는 목표를 가진 분리 연습으로 간주합니다. 부분들이 분리되면 내담자는 부분들을 보다 명확하게 볼 수 있고, 그들의 고통 경감에 대한 갈망을 이해하며, 도움을 제공할 수 있습니다.

신속하게 진정시키기 위해 '속성으로 분리시키기'

중독 프로세스를 가진 내담자들은 종종 압도당한 느낌을 가지고 상담실로 들어옵니다. 그들의 감정은 격해져 있고, 그들은 관심과 돌봄에 굶주려 있기에, 하나의 혼란스러운 이야기가 또 다른 이야기로 쏟아져 들어갑니다. 이같이 한바탕 쏟아진 바람은 질서를 원하는 치료사 자신의 관리자들을 불러일으킬 가능성이 높지만, 우리는 또한 내담자들의 분리 작업을 갑작스럽게 밀어붙이는 것이 공감이 결여된 무시하는 자세로 받아들여질 수도 있다는 것 또한 알고 있습니다. 따라서 내담자를 진정시키고 그들의 시스템을 늦출 수 있는 다른 전략을 고려하는 것이 좋습니다.

우리는 속성으로 분리시키기(잠깐 멈추고, 심호흡을 하며, 감지한다)를 추천합니다. 이 속성으로 분리시키기는 지금까지 한 것과 마찬가지로 내담자의 전체 시스템을 따뜻이 맞이할 수 있도록 해줍니다. 그 방법은 이렇습니다. 우리는 정서적으로 조율하고 관심을 가지고 경청하며 의제를 내려 놓는 것으로 시작합니다. 우리는 내담자가 쏟아낼 필요가 있는 모든 정보를 쏟아내도록 합니다. 적절한 순간에 우리는 한두 번의 미러링 진술(내담자가 한 말과 거의 같은 몇 마디의 말)을 하거나 명료화시키는 질문을 합니다. 잠시 후, 우리는 내담자가 얼마나 열심히 애써왔는지 확인하고, 그들이 이번 주에 품고 있었던 모든 것에 주목하거나, 단지 상담실로 오기 위해 해야 했던 모든 것을 인정하고는, 함께 숨을 잠시 멈추고 심호흡을 하자고 제안합니다. 내담자가 진정되면, 우리는 섞인 부분과 직접 이야기하거나, 내담자로 하여금 탐구를 위한 표적 부분을 선택하게 할 수도 있습니다.

6F

전통적인 대화 치료는 이야기를 나누며 많은 추측을 하게 됩니다. 내담자는 자신들의 지난 일주일에 대해 보고하고, 치료사가 공감하며 통찰력 있는 질문을 하면, 내담자는 대답하면서, 그들은 함께 동기를 곰곰이 생각합니다. IFS에서는 내담자가 자신들의 동기를 추측할 수 있도록 ('당신은 파트너에게 화가 나서 폭식했을 수도 있어요.') 돕는 것이 아니라, 즉시 비판단적 호기심으로 옮겨갈 수 있도록 돕습니다('어젯밤에 폭식했던 부분을 찾아 그 이유를 물어보도록 하지요').

만약 폭식하는 부분이 내담자가 화내는 것을 원하지 않았기 때문에 이런 식으로 행동했다고 말하면, 우리는 그 행동 순서를 이해하고, 내담자가 폭식하는 부분과 화난 부분이 관계를 구축하도록 도우며, 그들이 어떤 부분을 보호하는지 알아가는 방향으로 옮겨 갈 수 있습니다. 이런 식으로 내담자는 보호하는 부분들이 취약한 부분들의 보호막이 되어 주고 있다는 사실을 반복해서 발견하게 되고, 이것은 자연스럽게 다음과 같은 핵심 질문으로 나아가게 됩니다. '만약 우리가 취약한 부분을 도울 수 있더라도, 당신은 여전히 이런 식으로 행동할 필요가 있을까요?'

우리는 연속적인 6개의 질문(6F)으로 시작하는 비판단적인 탐구를 하면서 그로부터 더 많은 질문을 계속할 수 있게 됩니다.

내담자들은 자신의 부분들이 이 질문들에 대해 말대꾸(또는 어떻게든 자신과 의사소통)를 하는 경우, 보통 놀라면서 기뻐하게 됩니다. 내담자가 자신의 부분들로부터 직접 그들의 두려움과 그들의 의견 불일치에 대해 듣게 되면, 혼란스럽고, 헷갈리며, 터무니없는 것으로 보였던 주관적인 경험을 이해할 수 있게 되기 때문입니다. 이것만으로도 커다란 안도감을 가져다줍니다. 부분들은 자신들이 이해하는 바를 판단할 가능성이 낮기 때문에, 비판적인 관리자들이 내담자가 반응적인 소방관들과 하는 대화에 귀를 기울이는 경우, 그들도 역시 마음을 가라앉히거나 좀 더 쉽게 분리할 수 있게 됩니다. 이 내면 여정에서의 작은 단계 하나하나는 부분들이 서로 협력하며 내담자의 참자아를 신뢰하는 방향으로 나아가게 만듭니다.

6F

1. 부분을 찾기(Find) : 오늘 어떤 부분이 당신의 관심을 필요로 합니까?

2. 부분에 초점을 맞추기(Focus) : 그 부분이 어떻게 등장합니까? 어떤 에너지를 갖고 있습니까? 당신 몸 안이나 주위 어디에서 그것이 감지됩니까?

3. 그 부분을 향하여 어떤 느낌(Feel)이 드십니까? 수용합니까, 판단합니까 아니면 이도 저도 아닙니까? 당신이 이 부분을 감지할 때, 열린 마음과 호기심, 혹은 조심스럽고 신중함, 혹은 분노와 거부, 혹은 그 밖에 다른 어떤 것이 느껴집니까?

4. 그 부분의 역할에 살(Flesh)을 붙이기 : 내면시스템에 대한 그 부분의 원래 의도는 무엇입니까? 그 부분의 특징적인 행동은 무엇입니까? 그 부분은 이 역할을 한지 얼마나 되었습니까? 그 부분은 어느 부분을 보호하고 있습니까?

5. 그 부분과 친해지기(BeFriend) : 그 부분은 당신에게 어떻게 반응합니까? 그 부분이 신뢰를 가지고 당신과 관계를 맺기 위해서는 어떤 것이 필요합니까?
   - 만약 그 부분이 기탄없이 이야기를 나눌 수 있을 정도로 내담자에 대해 안전하다고 느낀다면, 우리는 내담자의 참자아가 임재하고 있다고 확신할 수 있습니다. 그러나 어떤 보호자가 그 표적 부분을 비판하고 있거나 귀를 기울이고 싶어하지 않으면, 비판적인 관리자가 있다는 것을 알 수 있으므로 우리는 그 부분에게 분리되어 달라고 요청합니다. 만약 그 부분이 거부하면, 그 부분이 우리의 표적 부분이 됩니다.

6. 그 부분의 두려움(Fears)을 발견하기 : 만약 이 부분이 자신의 행동을 중단한다면 다른 보호자들은 어떤 일을 하겠습니까? 그런 시나리오가 과거에 일어났었습니까? 만약 그 부분이 이 행동을 중단한다면, 상처 입고 추방된 부분들에게는 어떤 일이 일어나겠습니까? 과거에 그런 일이 있었습니까?

내담자 연습

관리자를 알아가기

관리자는 선제적으로 대응하는 미래 지향적인 부분이며, 당신이 개선되고 발전이 있기를 원합니다. 이를 위해 그들은 완벽주의, 자기비판, 분석, 인정 추구, 계획, 분투, 축소, 통제, 훈계, 과로와 같은 다양한 행동에 관여합니다. 이 연습은 친숙하게 느껴지는 관리자 부분과 친해지도록 안내합니다. 당신의 관심을 얻고 싶어하는 부분을 고르십시오. 반드시 극단적인 부분일 필요는 없습니다.

1. 먼저, 편한 자세를 취합니다. 이 연습에 올바른 방법은 없습니다. 그냥 호흡을 따라 내면 세계로 들어가, 준비가 되면 관심을 받기 원하는 관리자 부분을 찾아냅니다.

2. 일단 관리자를 파악했으면, 그 부분을 일방경 건너편에 갖다 놓도록 합니다. 당신이 관찰하고 있는 동안 그 부분이 활성화되어 평소에 하던 행동을 하도록 초대합니다. 그 부분의 신체 언어와 얼굴 표정에 주목합니다. 그 부분이 하는 말에 귀를 기울입니다. 예를 들어, 항상 계획을 세우고 있는 부분—언제 식료품을 사러 갈 것인지, 몇 시에 아이들을 데려올 것인지, 언제 애완견을 산책시킬 것인지, 어떻게 시간을 내어 가외 업무를 처리할 것인지, 어떻게 작업 프로젝트를 완료할 것인지 등—을 관찰하는 것으로 시작할 수도 있습니다. 당신이 곁에서 바라보며 좀 더 많이 알고 싶어한다고 그 부분에게 말하십시오. 만약 당신이 그 부분이 신체적으로 예민하기보다는 청각적으로 예민하기 때문에 그 부분—예를 들어, 마음속의 어떤 목소리나 머리 근처의 윙윙거리는 압박으로 나타나는 완벽주의자 부분—을 보지 못한다고 하더라도, 당신은 여전히 그 부분에게 당신이 귀를 기울이고 있거나 그 부분의 에너지를 느끼고 있으며, 마음을 열고 그 메시지를 받아들이고 있다고 이야기해줄 수 있습니다.

3. 만약 어느 시점에서든 또 다른 부분이 활성화되면 그 부분에게 긴장을 풀고 있으라고 하며 나중에 다시 오겠다고 제안합니다. 그리고 나서 표적 부분인 관리자에게로 다시

돌아갑니다. 반응적인 부분들이 이렇게 등장할 때마다, 그들에게 긴장을 풀고 있으라고 요청합니다. 마음이 열리고 호기심이 느껴지면, 표적 관리자에게로 되돌아가서 다시 귀를 기울입니다. 이 관리자를 향하여 어떤 느낌이 드는지 감지합니다. 그리하여 여전히 호기심이 느껴지면, 다음과 같은 질문을 할 수 있습니다.

- 당신이 나를 압박하여 [사전에 계획하기, 실수하지 않기, 내 상사가 기분이 좋은지 확인하기 같은 관리자의 평상시 행동으로 빈칸을 채운다] _____을 하게 할 때, 당신은 어떻게 도와주려 하고 있는 것입니까?
- 당신은 얼마나 오랫동안 이런 식으로 나를 도와주고 있었습니까?
- 당신은 나이가 몇 살입니까?
- 당신은 이렇게 행동하는 것이 특히 중요하게 되었던 때를 기억하십니까? 그때 어떤 일이 있었습니까?
- 당신은 내가 이런 식으로 행동할 수 있도록 도와주지 못했던 적이 있었습니까? 만약 그렇다면, 당신은 어떤 기분이었고 어떤 일이 일어났습니까?
- 만약 당신이 잠깐 쉬거나 하던 일을 그만둔다면 어떤 일이 일어날까 봐 두려워합니까? 얼마나 오랫동안 이런 두려움과 걱정을 가지고 있었습니까?
- 당신은 이러한 두려움이 실제로 현실화된 상황에 처해본 적이 있습니까?
- 당신은 하던 일을 잠깐 쉬려고 노력한 적이 있었습니까? 그때 어떤 일이 일어났습니까? 당신은 어떻게 자신의 역할로 돌아가 일을 궤도에 올려놓았습니까?
- 당신이 나를 보면, 어떤 부분이 보입니까? (때때로 그 부분은 또 다른 부분을 봅니다. 예를 들어, 그 부분은 당신을 여덟 살짜리 어린아이나, 행동으로 표출하는 소방관 부분으로 볼 수도 있습니다.)
- 당신은 내게 자신에 대한 또 다른 무엇을 알려주고 싶습니까?

당신이 이러한 질문들을 하면서, 어떤 관리자 부분들은 마치 당신과 대화를 하고 있듯이 언어를 사용하여 당신에게 대꾸하는 것을 발견할 수도 있습니다. 또 어떤 부분들은 당신의 질문에 대답하거나 단어를 사용하지 않고 자신들의 동기를 설명하기 위해 이미지를 보여주면서 비언어적으로 의사소통을 하기도 합니다. 당신이 그 부분과 어떤 의사소통을 하든지 당신의 마음이 열려 있는지 체크합니다. 만약 마음이 열려 있다면, 당신이 주의를 기울이고 있으며 그 부분이 당신에게 이야기하고 있는 바를 이해하고 있다고 알려줍니다. 이해가 안 된다면 그 부분에게 명료화시켜 달라고 요청합니다. 어떤 사람들은 다음과 같은 말로 그 부분에 대답하는 것이 도움이 된다고 합니다. "이제 이해가 됩니다. 왜 당신이 내가 실패하지 않도록 확실히 하고 싶어하는지 알겠습니다. 당신의 애씀에 감사드립니다."

당신이 부분의 의도와 두려움을 이해할 때는, 이야기를 나눠 주어 고맙다고 하며, 그 부분의 수고에 감사하도록 합니다. 당신은 그 부분이 혼자 있지 않도록 계속 연락을 취하고 도와주고 싶다고 말해줍니다. 그 부분이 당신을 알지 못하거나, 신뢰하지 못하는 듯이 보이는 경우, 쉽게 그렇게 될 수 있음을 인정합니다. 관계 형성에 시간이 걸리기 때문입니다. 당신은 인내할 준비가 되어 있다는 것을 이야기해줍니다. 마지막으로, 그 부분이 당신의 지원에 어떻게 반응하는지 주목하고, 계속 연락하자고 제안하며, 나중에 참고할 수 있도록 메모합니다.

내담자 연습

소방관을 알아가기

소방관들은 관리자의 도 넘는 행동과 추방된 고통의 등장에 반응하는 보호자들입니다. 가장 일반적인 소방관 활동에는 포르노를 보는 것을 포함하여 알코올, 마약, 음식 또는 성행위를 통한 자가 치료가 포함됩니다. 몇 가지 다른 소방관 부분들을 예로 들면, 도박, 쇼핑, TV 시청이나 컴퓨터 게임, 운동, 신체 폭력, 자해 행위가 있습니다. 많은 사람들은 소방관의 선택 사항들(예 : 음주 및 보호장치가 없는 성관계)을 결합하기도 합니다. 그러나 이 연습은 당신이 친숙한 느낌의 활동을 하는 소방관 부분 하나와 친해지도록 안내할 것입니다. 그 부분의 행동이 극단적일 필요는 없으며, 그 부분은 고교 시절의 흡연처럼 과거의 행동일 수도 있습니다.

1. 먼저, 편한 자세를 취합니다. 이 연습에 올바른 방법은 없습니다. 그냥 호흡을 따라 내면 세계로 들어가, 준비가 되면 어떤 부분이 당신의 관심을 받기 원하는지 질문합니다.

2. 일단 소방관을 파악했으면, 그 부분을 일방경 건너편에 갖다 놓도록 합니다. 당신이 관찰하고 있는 동안 그 부분이 활성화되어 평소에 하던 행동을 하도록 초대합니다. 그 부분의 신체 언어와 표정에 주목합니다. 그 부분은 행복해하며 긴장이 풀렸습니까? 긴장하며 지나치게 흥분 상태에 있습니까? 졸려 멍하니 있습니까?

3. 당신은 이 부분의 평소 하던 행위를 보면서 어떤 느낌이 드십니까? 만약 당신에게 판단, 두려움, 창피함이 밀려오는 것이 감지된다면, 그 부분들에게 한걸음 뒤로 물러서도록 요청하고 나중에 다시 오겠다고 제안합니다. 당신(참자아)은 단지 이 부분과 연결되어 있을 뿐이며, 그 부분의 행동을 장려하거나 지지하는 것이 아니라고 그들에게 말해 줍니다. 마음이 열리고 호기심이 느껴지면, 표적 소방관 부분으로 되돌아가 다음과 같은 질문을 합니다.

■ 당신이 나를 압박하여 [맥주 몇 잔 마시기, 심야 영화 시청하며 폭식하기 같은 소방관의 평상시 행동으로 빈칸을 채운다] _____을 하게 할 때, 당신은 어떻게 도와주려 하고 있는 것입니까?

■ 당신은 얼마나 오랫동안 이런 식으로 나를 도와주고 있었습니까?

■ 당신은 나이가 몇 살입니까?

■ 당신은 이렇게 행동하는 것이 특히 중요하게 되었던 때를 기억하십니까? 그때 무슨 일이 있었습니까?

■ 당신은 내가 이런 식으로 행동할 수 있도록 도와주지 못했던 적이 있었습니까? 만약 그렇다면, 당신은 어떤 기분이었고 어떤 일이 일어났습니까?

■ 만약 당신이 잠깐 쉬거나 하던 일을 그만둔다면 어떤 일이 일어날까 봐 두려워합니까? 얼마나 오랫동안 이런 두려움과 걱정을 가지고 있었습니까?

■ 당신은 이러한 두려움이 실제로 현실화된 상황에 처해본 적이 있습니까?

■ 당신은 하던 일을 잠깐 쉬려고 노력한 적이 있었습니까? 그때 어떤 일이 일어났습니까? 당신은 어떻게 자신의 역할로 되돌아갔습니까?

■ 당신이 나를 보면, 어떤 부분이 보입니까? (때때로 그 부분은 또 다른 부분을 봅니다. 예를 들어, 그 부분은 당신을 여덟 살짜리 어린아이나 비판적인 관리자로 볼 수도 있습니다.)

■ 당신은 내게 자신에 대한 또 다른 무엇을 알려주고 싶습니까?

당신이 이러한 질문들을 하면서, 어떤 소방관 부분들은 마치 당신과 대화를 하고 있듯이 언어를 사용하여 당신에게 대꾸하는 것을 발견할 수도 있습니다. 또 어떤 부분들은 당신의 질문에 대답하거나 단어를 사용하지 않고 자신들의 동기를 설명하기 위해 이미지를 보여주면서 비언어적으로 의사소통을 하기도 합니다. 당신이 그 부분과 어떤 의사소통을 하든지 당신의 마음이 열려 있는지 체크합니다. 만약 마음이 열려 있다면, 당신이 주의를 기울이고 있으며 그 부분이 당신에게 이야기하고 있는 바를 이해하고 있다고 알려줍니다. 이해가 안 된다면 그 부분에게 명료화시켜 달라고 요청합니다. 어떤 사람들은 다음과 같은 말로 그 부분에 대답하는 것이 도움이 된다고 합니다. "이제 이해가 됩니다. 왜 당신이 내가 이 고통스러운 감정으로부터 무감각해지도록 하고 싶어하는지 알겠습니다. 당신의 애씀에 감사드립니다."

당신이 부분의 의도와 두려움을 이해하는 경우, 이야기를 나눠 주어 고맙다고 하며, 그 부분의 수고에 감사하도록 합니다. 당신이 그 부분이 혼자 있지 않도록 계속 연락을 취하고 도와주고 싶다고 말해줍니다. 그 부분이 당신을 알지 못하거나, 신뢰하지 못하는 듯이 보이는 경우, 쉽게 그렇게 될 수 있음을 인정합니다. 관계 형성에 시간이 걸리기 때문입니다. 당신은 인내할 준비가 되어 있다는 것을 이야기해줍니다. 마지막으로, 그 부분이 당신의 지원에 어떻게 반응하는지 주목하고, 계속 연락하자고 제안하며, 나중에 참고할 수 있도록 메모합니다.

직접 접근과 내면 들여다보기

내담자들은 거의 항상 부분과 섞인 상태에서 첫 번째 상담에 임하게 됩니다. 만약 그들이 관심과 희망을 가지고 있다면, 그들은 자신들에게 치료를 해보라고 설득한 관리자와 섞여 있는 것입니다. 만약 그들이 경계하며, 적대적이거나, 편집증적이거나, 비난하는 듯하다면, 그들은 소방관과 섞여 있는 것입니다. 그들이 절망하며 눈물을 쏟는다면, 그들은 추방자와 섞여 있는 것입니다. 우리는 섞여 있는 부분과 직접 대화를 나누는 것으로 시작합니다. 그리고 그렇게 하는 방법에는 두 가지 선택지가 있습니다.

1. 첫 번째 선택지는 비록 우리가 한 부분과 이야기하고 있다는 것을 알고 있을지라도, 내담자의 한 부분이 아니라, 내담자와 이야기하고 있는 것처럼 행동하는 것입니다. 이 경우 우리는 '당신'이라는 대명사를 사용합니다—당신은 무엇을 감지하는가, 당신은 어떤 느낌을 갖는가, 당신은 어떤 일로 여기에 왔는지 등과 같은 것입니다. 이것은 마치 전통적인 대화 치료처럼 들립니다. 우리는 그것을 **암묵적 직접 접근**이라고 부릅니다.

2. 두 번째 선택지는 한 부분으로서 그 부분에게 이름을 지어주고, 그 부분과 내담자에 대해 이야기를 하는 것입니다. 이 경우 우리는 내담자가 선호하는 대명사를 사용하여 그들에 대해 3인칭으로 이야기합니다. 우리는 이것을 **명시적 직접 접근**이라고 부릅니다. 예를 들어, 우리는 이렇게 말할 수 있습니다. "그래서 당신은 마크가 코카인 사용하는 것에 대해 걱정하고 있는 마크의 부분이군요. 맞습니까?"

일단 우리가 직접 접근을 사용하여 내담자의 섞인 부분들 중 하나 이상과 직접 이야기하는 경우, 우리는 그 부분에게 분리되어 달라고 요청합니다. 만약 그 부분이 분리되지 않으려 한다면, 우리는 그 부분에게 타당한 이유가 있다고 가정하고, 우리는 계속해서 직접 접근을 사용하며 더 알아갑니다. 그러나 그 부분이 분리된다면, 내담자의 참자아가 등장하여 우리가 찾고 있는 내적 참자아-부분 애착이 확고해지기 시작합니다. 이 시점에서는 내담자의 참자아가 장악하여 내담자의 부분들과 직접 의사소통하는 것이 가장 좋습니다. 이것을 '내면 들여다보기'라고 합니다. 만약 내담자가 자신의 참자아에 지속적으로 접근할 수 있는 경우, 치료사는 그냥 한걸음 뒤로 물러나서 다음과 같이 질문합니다. "다음에 어떤 일이 일어나면 좋겠습니까?" 그러나 내담자가 참자아에 접근한 사실이 의심스럽다면, 치료사는 필요할 때마다 계속해서 안내를 제공하게 됩니다. 본 매뉴얼 전반에 걸쳐 예시하였듯이, 내면 들여다보기와 직접 접근 둘

다 효과적입니다 — 하지만 양극화된 부분들에게는 직접 접근이 특히 유용합니다. 회기와 내담자들을 가리지 않고 두 가지 전략을 자유롭게 사용하십시오.

가정적인 질문

일단 선제적으로 대응하고(관리자) 반응하는(소방관) 팀이 내담자의 참자아를 인식하고 자신들이 상처받은 부분들을 보호한다는 목표를 공유한다는 사실을 이해하면, 우리는 다음과 같은 일련의 가정적인 질문(만약 ~하다면 어떨까요?)을 통해 성공으로 나아가는 새로운 방법을 제안할 수 있습니다. 우리의 비전은 희망으로 가득 차 있으며(더 쉬운 방법이 있습니다!), 보호자들은 일반적으로 낙관적인 가설에 흥미를 느낍니다.

부분이 분리되도록 해주는 가정적인 질문

- 만약 이 취약성을 다룰 수 있는 또 다른 방법이 있다면요?

- 만약 이 혼란스러운 중독 사이클을 벗어나도록 하는 효과적인 방법이 있다면요?

- 만약 고립되고 상처 입은 부분들이 참자아와의 관계에서 치유될 수 있다면요?

- 만약 우리가 소방관들을 도울 수 있어서 그들이 취약한 부분을 혼자서 다룰 필요가 없다면 어떨까요?

- 만약 우리가 관리자들을 도울 수 있어서 그들이 모든 책임을 혼자서 떠맡을 필요가 없다면 어떨까요?

- 만약 당신이 지원을 받는다면요?

내담자가 이러한 가정적인 질문 중 하나 이상에 대해 성찰한 후에, 내담자가 그들의 관리자-소방관 팀에게 다음과 같은 질문을 던지도록 요청합니다. "만약 참자아가 이 취약한 부분을 돕고 있는 것을 본다면 당신은 마음을 열고 잠깐 휴식을 취할 수 있겠습니까?"

제2장

중독의 개념화

애착 상흔, 트라우마, 그리고 중독 시스템

어린아이들이 안정적이고, 애정이 넘치며, 보살피는 돌보미의 온기를 받을 수 있는 경우, 그들은 안전감을 느끼며, 위험을 무릅쓰고 세상으로 나아가면서 자신과 다른 사람들에 대한 신뢰를 배우게 됩니다. 그들은 어리석음, 비통함, 분노 등을 포함한 모든 감정을 자신들이 표현할 수 있다고 믿게 됩니다. 안정감과 안전감을 가진 아이들은 또한 자신들의 몸의 힘과 에너지에서 기쁨과 희열을 느끼게 됩니다ㅡ그들은 눈에 보이는 모든 것을 만지고, 놀이를 통해 근육을 강화하고, 욕조에서 물장구를 치고, 스쿠터나 자전거를 타거나, 맨발로 세상을 헤쳐 나가며, 동생이나 친구의 손을 부드럽게 잡게 됩니다.

이상적인 어린 시절이라면, 아이들은 배우면서 자유롭게 실수도 저지르고 실패도 한다는 것을 알게 됩니다. 그들은 문제가 생길 경우 도움이 가까이에 있으며 복구가 필요할 때 친절한 안내를 받을 것이라는 것을 알게 됩니다. 그들의 돌보미들은 아이들이 도중에 만나는 위험한 상황과 사람들로부터 그 아이들을 보호합니다. 그들의 시스템과 그들을 둘러싼 시스템은 균형을 이루고 있습니다. 그들의 관리자들은 성취와 성장의 기쁨, 자부심, 만족감을 발견합니다. 그들의 소방관들은 즐겁고 건강한 활동을 찾아내어, 그들로 하여금 긴장을 풀고 새로운 모험을 추구할 수 있게 합니다. 그들의 취약한 부분들은 마음을 열고, 사랑하며, 사랑을 받아들입니다. 그들은 안정감, 사랑받는 느낌을 가지며, 자유롭게 완전히 체현화됩니다. 그들은 잘 자랄 수 있게 됩니다.

하지만 인생은 좀처럼 이상적이지 않습니다. 길을 따라 가는 도중 장애물이 튀어나옵니다. 정서적이고 신체적인 고통이 삶의 일부이기는 하지만, 중독 행동을 보이는 내담자들은 자신들이 감내하기 어려운 고통을 경험해왔습니다. 어떤 내담자들은 자신들이 두려워하며 욕을 하였지만, 또한 갈망하기도 하고, 때로는 사랑하였던 어른들에 의해 이용당하거나 방치당하는 등, 몹시 고통스러운 가족 역동 가운데서 성장하기도 하였습니다. 어린아이들은 자신의 감정을, 주위에 있는 다른 사람들에 대한 정보가 아니라, 자기 자신에 대한 중요한 정보로 읽기 때문에, 방치나 학대를 경험한 아이들은 특히 자신들의 돌보미의 행동에 대해 개인적인 책임감을 쉽게 느끼게 됩니다.

내담자들이 좀 더 안정적인 환경에서 성장할 수 있다 하더라도, 여전히 이런저런 이유로 자신들의 가치와 사랑스러움에 대해 짐이 되는 신념이 발달할 수 있습니다. 어떤 내담자들은 자신들의 기질이나 특정한 학습 장애의 결과로 어려움을 겪을 수도 있습니다. 또 어떤 내담자들은 인생 후반에 고통스러운 관계 파열로 균형을 잃거나, 이혼이나 때아닌 사망으로 인해 연결이 끊어지는 경우 무너지게 됩니다. 또 다른 내담자들은 신체적인 어려움이나 만성적인 질병과 싸워야 합니다. 이 모든 종류의 경험들은 취약한 부분들에게 짐을 안겨주고, 고통을 경감시키는 보호자를 불러들일 수 있습니다. 삶은 상처를 가져다줍니다. 그래서 어떤 사람은 수많은 이유로 삶의 어느 시점에서 강박적인 행동 양식에 빠질 수도 있습니다. 그 원인이 무엇이든 간에, IFS 치료사들은 협력적이고 비판단적인 연결을 구축하여 내담자들이 자신들의 상처입은 부분들을 치유하고 그들의 보호자들을 해방시킬 수 있도록 도와줍니다.

중독의 사회적 맥락 : 뚜렷한 양극화

가족 시스템은 아이의 내면 시스템 발달에 깊이 영향을 끼칠 뿐만 아니라, 가족 시스템은 또한 심대한 영향력을 갖고 있는 더 큰 사회 시스템 내에 자리잡고 있습니다. 여기에는 지역, 주 및 연방 정부 시스템뿐만 아니라 학교 및 종교 단체와 같은 이웃 및 지역 사회 수준의 시스템이 포함됩니다. 이러한 시스템에는 종종 관리자와 소방관 사이의 긴장을 악화시키는 다양한 양극화가 포함되며, 이것은 중독을 악화시키는 사회적 맥락을 만들어 내기도 합니다. 이것은 미국 문화와 그 제도에서 볼 수 있는데, 여기에는 특히 엄격한 훈계와 방임에 가까운 관용 사이의 긴장, 그리고 제약과 강박적인 탈억제 사이의 긴장을 보여주는 수많은 양극성을 포함하고 있기 때문입니다.

예를 들어, 미국의 경제는 눈에 띄는 강박적 소비에 기반을 두고 있지만, 강박적인 행위는 도덕적 결함으로 간주되고 있습니다. 종교 및 정부 기관들은 성, 여성 신체 및 성적 선호를 감시하는 반면 대부분의 광고는 특히 여성 신체를 자유롭게 사용하면서 모든 것을 성적 매력으로 만들고 있습니다. 어떤 정신활성 물질들은 금지되고 비난을 받고 있지만, 더 큰 파괴적인 용도로 사용될 가능성이 있는 다른 물질들은 합법화되고 있습니다. 이와 비슷하게, 기업들은 건강에 안 좋고, 살찌는 음식을 홍보하고, 그것들을 아동 학교 급식에 포함시키기 위해 싸우는 반면, 대부분의 미디어들은 거식증 신체를 떠받들고, 더 마른 것이 더 낫다고 설교를 합니다. 관리자 부분들은 어린 나이에 —가정에서, 학교에서, 예배 장소에서, 미디어에서, 그리고 정부 기관과의 접점에서— 이 혼란스럽고 모순된 견해를 받아들이고 취하고 있습니다.

억제와 탈억제 사이의 양극성은 소위 마약과의 전쟁에서 특히 뚜렷하게 나타납니다. 여기서, 우리는 모든 인구 계층집단에서 약물 사용에 대한 강하고 꾸준한 욕구가 있음을 발견합니다(Hart, 2021). 이것은 마약 사용과 관련하여 다른 이민자와 유색인종뿐만 아니라 흑인, 원주민, 라틴계 및 아시아 공동체의 권리를 조직적으로 박탈하기 위해 고안된 매우 엄격한 정부 금지령과 극명하게 대조됩니다(Hari, 2015; Hart, 2021). 정부 기관들은 역사적으로 흑인 남성들 사이에서의 기분전환용 약물 사용을 공격하고 투옥해왔습니다. 이 투옥 비율은 매우 비슷한 비율로 기분전환용 약물을 사용하던 백인 남성들의 5배나 되었습니다. 같은 맥락에서, 제약 회사들은 최근 몇 년 동안 처방된 아편에 대해 명백한 거짓 정보를 공개적으로 퍼뜨림으로써 엄청난 이익을 얻었으며, 2019년까지 미국에서 연간 약 5만 명의 과다사용 사망자가 발생하게 되었습니다.

그리고 이것은 전체 그림의 아주 작은 부분에 지나지 않습니다. 우리는 탈억제 관련한 더 큰 유행의 맥락에서 이러한 중독 관련 사망의 유행을 보게 됩니다. 미국에서는 매년 약 9만 5천 명의 사람들이 알코올과 관련되어 사망하고 10만 명 이상이 약물과 관련되어 사망하는 반면, 비만과 관련된 다양한 원인으로 30만 명이 추가적으로 사망하고 48만 명이 흡연으로 사망합니다. 그러나 수백만 명의 사람들이 먹고, 술 마시고, 가끔 도박을 하거나, 큰 어려움을 겪지 않고 기분전환 목적으로 약물을 사용합니다(Hart, 2021). 강박적인 행위로 인한 사망률은 주로, 우리의 관점에서, 다루지 않은 고통이라는 증거입니다. 이러한 고통은 큰 규모의 사회적 이슈(제도적 인종차별, 가부장제, 소비자 기반 경제의 고착된 물질주의 등)에서 혹은 트라우마와 상실과 관련된 개인적 이력에서 발생할 수 있습니다(Felitti, 2004; Hari, 2015; Menakem, 2017; Szalavitz, 2016; Schwartz & Sweezy, 2020).

비록 개인적인 심리치료가 사회적인 병폐를 확실하게 점검할 수는 없을지라도, 우리는 내담자들의 개인적인 삶을 회복시키기 위해 계속해서 노력하고 있습니다. 만약 내담자가 위험한 환경에서 생활하거나 범죄 활동에 관여하고 있는 경우, 우리는 그들이 자신들의 소방관 부분의 이야기와 어린 시절 환경 영향에 대해 들어보라고 안내할 수 있습니다. 가정에서의 환경이 위험하다면, 우리는 그들의 현실을 검증하고 그들로 하여금 서비스에 접근하여 개인적, 사회적, 정치적 이유에서 추방했던 부분들을 되찾도록 도울 수 있습니다. 검증은 수치스러운 경험에 대한 해독제이자 내면화된 학대에 대한 해결책이기는 하지만, 그것이 우리에게서 저절로 나올 수는 없습니다. 내담자는 비판적인 보호자들로부터 분리되어, 긍휼의 마음과 이해심을 갖고 보호자들의 의도에 귀를 기울이며, 상처 입은 부분들에게 안전한 피난처를 제공함으로써 내면으로부터 검증을 받아야 합니다.

보호자들 간의 양극화

우리가 가족과 더 큰 사회 시스템의 맥락에서 영향을 미치고 있는 다양한 양극성을 고려해 볼 때, 보호적인 부분들 간의 양극화가 중독 프로세스에서는 일반적이라는 것이 놀랍지 않습니다. 이러한 대립은 무서운 기억과 고통스러운 감정에 만성적으로 노출되어 위협받고 있는 내면시스템을 보호하기 위해 관리자와 소방관이 서로 대조적인 전략을 고집할 때 형성됩니다. 두 팀의 보호자들은 시스템이 추방된 부분들에 의해 압도당하는 것을 막기 위해 끊임없이 노력하고 있습니다. 관리자 부분들이 내담자가 기능하도록 돕는 반면, 소방관 부분들은 약물 및 그 밖의 유형의 달래기 또는 주의력 분산을 사용하여 추방자의 감정을 차단합니다. 추방자들은 혼자서, 돌봄을 받지 못한 채, 종종 너무 약하거나 너무 순진하다고 폄하 당하면서 십자포화를 맞습니다. 그들의 충족되지 못한 욕구는 증가하고, 그들은 더욱 더 절망을 느끼게 됩니다. 그래서 세월이 흘러 때때로 몇 년이 지난 후에야 치료를 받고자 하거나 받을 수 있게 됩니다.

양극화 사이클

1. 결핍된 느낌, 어딘가 부족한 느낌, 그리고 과거와 현재를 불문하고 어떠한 이유에서라도 버림받았다는 느낌을 갖고 있는 부서지기 쉬운 저변의 추방자들은 내담자의 삶 가운데서 외적인 상호작용이나 도전으로 인해 활성화됩니다.

2. 관리자들은 다음과 같은 방법으로 이러한 취약한 부분들을 무시하거나 억누르려고 애씁니다. 즉 관리자들은 스스로를 바쁘게 만들거나, 과업이나 다른 사람들의 요구에 집중하거나, 내담자를 머릿속에서 떠나지 않게 하거나, 비판을 통해 추방자를 들볶아 개선시키고, 수용할 만하게 만듭니다.

3. 추방자의 고통과 수치심에 주의를 기울이면서, 소방관들은 정서적인 고통을 위장하거나, 치료하기 위해 약물과 다양한 행위(필요한 것은 무엇이든)를 사용하며 장악합니다.

4. 추방자들은 아픔, 모멸감, 두려움, 고립감을 느낍니다.

5. 관리자들이 다시 동원됩니다.

   a. 잠깐 동안의 통제력과 자존감을 되찾으려는 기대 가운데 과업을 정상 궤도에 올려놓고자 미친듯이 관리자들을 동원합니다.
   b. 비판적이며, 훈계하는 관리자들은 소방관들의 반복적으로 저지르는 위반 행위를 공격하고, 비방하며, 소방관들에게 수치감을 불어넣습니다.

6. 소방관들은 고통을 더 많은 약물로 치료하고, 수치심을 차단하며, 결과를 부정하기 위해 다시 중독 프로세스로 돌아갑니다.

7. 취약한 추방자들은, 자신을 찾지도 않고 원하지도 않으므로, 다시 버려졌다고 느끼게 되며, 이것은 절망감과 사랑받지 못한다는 느낌을 강화시키게 됩니다. 이 사이클이 계속됩니다.

이 모든 것이 주기적으로 일어나기 때문에, 우리는 **중독** 대신 **중독 프로세스**라는 용어를 선호합니다. 혼란스러운 환경에서는 중독 프로세스가 어릴 적에 시작될 수 있기 때문에 중독을 하나의 프로세스로 간주함으로써 약물의 강박적 사용이 발달적 측면을 내포하고 있다는 의미를 전달할 수 있게 됩니다(Lewis, 2015; Szalavitz, 2016). 여기서 어린아이는 통제 및 착한 행동을 갈망하는 관리자 부분들과, 주의를 돌리고, 탈출 및 고통 완화를 갈망하는 소방관 부분들 사이를 오갈 수도 있습니다. 예를 들어, 제멋대로 사는 어른들을 돌볼 수밖에 없다고 느끼는 어린아이는 스포츠를 뛰어나게 잘하는 부분과 항상 다이어트를 하는 부분 사이에서 흔들릴 수 있습니다. 그들은 뛰어난 성적을 얻기 위해 노력하는 부분과 담배를 피우며 절도하는 부분 사이에서 오락가락할 수도 있습니다. 이러한 활동들은 그 아이의 박탈당한 어린 부분들로부터 주의를 분산시키는 것이지, 부모의 돌봄이 필요한 그들을 돕는 것이 아닌 것입니다. 추방자들이 더 절박하게 느끼고 그 아이의 소방관 팀이 더 화를 내고, 더 절박하며, 더 극단적이 될수록 억제와 탈억제 사이의 균형은 한층 더 위태로워집니다. 이것이 중독 프로세스입니다.

내담자의 취약한 부분들이 크게 상처를 받지 않은 경우라 할지라도 약하지만 내면 역동은 여전히 존재합니다. 그 부분들이 약간 교착된 느낌, 약간 성공적이지 못하다는 느낌을 갖게 될 수도 있습니다. 내담자는 파트너나 아이들에게 자신이 원하는 만큼 인내심이 없을 수도 있습니다. 결국 그들의 소방관들이 나서서 주의를 산만하게 하고 달래게 됩니다. 그들은 드러누워 비디오 게임을 하거나 소셜 미디어 화면을 넘기면서 너무 많은 시간을 보냅니다. 한편 그들의 관리자들은 이 화면만 보며 소파에 죽치고 있는 소방관 부분들에게 노트북을 닫고, 소파에서 일어나, 오늘은 좀 더 나아지라고 잔소리하고 꾸짖습니다! 이것이 중요한 내면 싸움은 아니지만, 양극성인 것입니다.

내면에서 가혹한 관리자들의 계속적인 비난으로 부정적인 경험이 축적되며, 그로 인해 발생하는 정서적 고통에 대응하여 양극성은 고조됩니다. 어떤 내담자들은 자신들의 중독 프로세스가 긴 발달 궤적을 가지고 있으며, 이전에 치료를 받은 적이 있다는 사실을 보고하기도 합니다. 어떤 사람들은 자신들의 중독 프로세스를 통제하기 위해 여러 해를 보낸 후에, 실직의 위협으로 인해 즉시 행동으로 옮겨야겠다고 느껴, 처음으로 치료를 받기 위해 방문하기도 합니다. 이와는 대조적으로, 어떤 내담자들은 중독 행동이 최근의 스트레스 요인을 경험한 후에 문제가 되었다고 보고합니다. 예를 들어, 홀아비가 된 노인들은 파트너를 먼저 보낸 후, 집과 연금 수령액을 도박으로 날려버리기 시작할 수도 있습니다. 이는 고립감과 큰 슬픔으로부터 벗어날 필요가 매우 크다는 것을 보여줍니다.

일단 중독 프로세스(나는 그걸 해야 해! 나는 그것을 중단해야 해!)가 극단적이고 만성화되면, 단순한 협상으로는 해결될 수 없습니다. 양측의 반감과 불신이 너무 깊기 때문입니다. 따라서 한쪽에 논의를 해보라고 요청하기보다, 우리는 스펙트럼의 양끝에 있는 매우 극단적인 행동을 장려하거나 지지하지 않으면서 내담자로 하여금 양쪽의 선한 의도를 확인해보도록 안내합니다. 예를 들어, 제대로 기능하고, 성장하며, 책임감을 갖는 것이 매우 중요하지만, 근심 걱정

없이 쉬며 만족을 얻는 느낌도 매우 중요합니다. 우리는 관리자와 소방관들에게 그들이 어떻게 서로 연결되어 있는지 보여주고, 내담자에게는 그들의 완전한 웰빙을 위해 두 팀이 모두 필요하다는 것을 확인시킵니다. 그들이 인정을 받았고, 더 안전해졌다는 느낌을 갖기 시작하면서, 그들은 더 협력적인 태도를 갖게 됩니다.

심리치료로 충분한가?

고위험의 자해 행동을 포함한 중독 프로세스와 싸우고 있는 내담자들에게 심리치료가 항상 충분한 것은 아닙니다. 어떤 사람들은 강도 높은 외래 치료나 입원이 필요합니다. 동료 지원 그룹은 많은 사람들에게 기적 같은 효과를 낳지만, 모든 사람들에게 그렇지는 않습니다. 어떤 사람들은 약물치료나 영양사나 침술사와 같은 다른 전문가들의 지원으로 도움을 얻습니다. 또 어떤 사람들은 부부 치료, 미술 치료 또는 명상 그룹과 같은 보조 치료를 사용할 수도 있습니다. 어떤 사람들은 이러한 종류의 옵션을 사용하려 하지 않으며, 또 어떤 사람들은 그러한 옵션에 접근하지 못하기도 합니다. 우리는 진전이 이루어지다가(진전) 말다가(재발)를 반복하게 되는 것을 예상할 수 있습니다. 그러나 개인이 지역 정신 건강 센터에서 도움을 구하든, 입원 치료나 개인 치료에서 도움을 구하든, 심리치료가 중심적인 자원이 됩니다.

그럼 다음의 질문에 대해 좀 더 깊이 알아보도록 하겠습니다. 치료 시간에 우리는 무엇을 할 수 있는가? 내담자의 중독 프로세스는 정서적 고통을 덜어주기 위한 필요성에 의해 추진된다는 것을 확고히 할 수 있고, 내담자들의 내적 싸움을 정상화시키고 혼란스러운 사고의 정리에 도움을 주는 명료함을 제공할 수 있으며, 오래된 상처를 안전하게 치유함으로써 장기간 지속되는 안도감을 얻는 방법을 내담자들에게 보여줄 수 있습니다.

제3장

평가

IFS 치료사가 중독 프로세스를 어떻게 평가할 수 있는지를 설명하기 전에, 중독에 관한 표준 평가 방법에 대한 몇 가지 우려를 언급하고 싶습니다. 첫째, 많은 중독 치료 프로그램, 정신 건강 클리닉 및 병원에서는 개인의 약물, 알코올, 음식, 도박, 사이버 섹스의 사용 정도와 기타 잠재적으로 문제가 될 수 있는 몰입 행위를 평가하는 전통적인 질문을 중심으로 인테이크 프로세스를 진행합니다. 이러한 설문들은 중독 행동에 중점을 두고 있으며, 종종 내담자의 기능적이고 생산적인 측면에 대한 질문은 하지 않습니다. 그 결과, 이러한 설문들은 인테이크 후 내담자의 내적인 반발을 가져오게 할 가능성이 높습니다.

둘째로, 중독 프로세스와 싸우고 있는 내담자들은 치료의 많은 단계를 거쳐야 할 가능성이 높습니다. 내담자들이 당신의 상담실 문을 두드릴 때까지, 과거에 치료를 받은 적이 있었을 수도 있고, 도움을 줄 수 없겠다는 이야기를 들었을 수도 있으며 혹은 정말로 도움받기를 원하지 않았을 수도 있습니다. 그리고 만약 그들이 자신들의 중독 프로세스를 즉시 밝히는 경우, 당신은 그들을 중독 전문가에게 보내야겠다고 생각할 수도 있습니다. 이것이 통상적인 규범입니다. 전통적인 심리치료 접근법으로 훈련받은 치료사들은 일반적으로 중독 행동에 관여하는 내담자들, 특히 약물을 사용하는 내담자들과 작업하는 것을 피하고자 애씁니다.

약물 사용에 대한 대부분의 견해는 약물을 사용하는 사람들은 전문적인 도움이 필요하다는 것입니다. 그 결과, 오랜 기간 상담을 진행해왔던 내담자들도 자신의 중독 프로세스를 밝히게 되면, 종종 외부 전문가에게로 보내집니다(Interlandi, 2022). 외부 전문가에게 의뢰하는 치료사들은 선의를 가지고 있으며, 표면적으로는 그들의 결정을 통해 내담자가 중독 프로세스를 다루는 법을 아는 전문가의 도움을 받을 수 있게 됩니다. 만약 내담자가 생명을 위협하는 상황에 처해 있다면 안정화시키는 치료가 정말로 최선의 방법입니다. 하지만 만약 내담자가 마침내 부끄러운 비밀을 고백할 용기를 내었는데, 상담자인 당신이 내담자를 보내 새로운 누군가와 다시 시작하도록 한다면, 당신은 '내가 정체를 밝히면, 나는 거부당한다'는 깊은 저변의 두려움을 확인한 것이 됩니다. 이것은 내담자가 치료사인 당신의 도움을 받기 전에, 그들이 치료 과정에서 해결하고자 하는 바로 그 문제를 어떻게든 "고쳐야" 한다고 내담자에게 말하는 것과 같습니다.

우리의 관점에서 이 접근법은 첫 순간부터 임상적 치료 개입의 효과를 약화시키는 것입니다. 우선 한 가지 이유로, 양면성이 있는 내담자들은 전문가에게 가보라는 제안을 따르지 않을 수도 있습니다. 그리고 내담자들이 제안을 따라 어찌어찌하여 중독 치료 프로그램에 참여하게 된다고 하더라도(재정적 지원이 많지 않은 사람들에게는 결코 권하지 않는다), 만약 내담자들이 맨정신에 대한 두려움을 표현하거나 치료 권고 사항을 따르는 것을 조금이라도 주저하는 경우, 중독 전문가들은 그 내담자를 비협조적이며 의지력이 부족하다고 여길 가능성이 높습니다. 중독 치료사들은 흔히 내담자들이 바닥을 치고 나서야 치료에 진지하게 임하게 된다고 말합니다. 마찬가지로 양면성이 있는 내담자들에게는 치료를 받도록 허용하기 전에, 통과해야 할 추가 장애물 — 예를 들면, 내담자는 집중적인 외래 치료를 끝내거나 12단계 모임 몇 번을 참석해야 하는 조건 — 을 놓는 것이 종종 표준 관행입니다. 이것은 마치 중독 프로세스의 일부로서 약물을 사용하는 내담자는 자신의 경험에 대해 이야기할 권리를 반드시 땀흘려 얻어야 하는 것과 같습니다.

우리의 관점에서 이 모든 것이, 일반 치료사들은 내담자의 소방관 부분들과의 상호작용을 몹시 두려워하고 오직 중독 전문가들만이 전투로 여기는 치료를 다룰 수 있다고 믿는다는 것을 보여줍니다. 전문가 측면에서의 약물 사용 격리 치료와 성공에 대한 낮은 기대는, 내담자 측면에서의 높은 중퇴율 및 재발률과 맞물려, 우리가 사용하는 대부분의 치료법이 어느 누구에게도 별로 도움이 되지 않고 있음을 시사하고 있습니다. 완전한 절제에는 관심이 없지만 자신의 약물 사용에 대해 이야기할 용의가 있는 내담자들은 치료에 참여하도록 해야 한다고 믿습니다. 우리는 그들의 소방관 부분들이 도움받는 것을 두려워하는 이유가 있다고 믿고 있으며, 또한 내담자의 많은 다른 부분들이 도움을 간절히 원한다는 것도 알고 있습니다.

만약 당신이 약물을 사용하는 내담자들을 보며 걱정하게 된다면, 이런 식으로 생각해보시기 바랍니다. 대부분의 내담자들은, 현재에 주의를 기울이고 제대로 기능하는 능력에 영향을 미치는 사고 및 기분 문제와 싸웁니다. 그리고 약물을 사용하지 않는 사람들은 종종 만성적인 노름, 포르노 시청 또는 과도한 운동과 같은 스스로 조절하는 강박적인 활동 유형에 많이 참여하고 있습니다. 내담자가 깨끗하고 맑은 정신이든지, 그렇지 않든지, 치료는 매우 효과적일 수 있습니다. 우리는 임상가가 자신들의 역할의 한계를 분명히 하고, 친절하지만 확고한 경계를 유지할 필요가 있다는 것에 동의합니다. 그러나 이것은 소방관 부분과 섞여 있는 모든 내담자와의 상호작용에도 그대로 적용되는 것입니다. 약물 사용이 그들의 생명을 위협하는 경우에는 내담자를 전문 치료 프로그램에 보낼 필요가 있지만, 내담자 대부분이 여기에 해당되는 것은 아닙니다. IFS에서 우리는 내담자와 협력하고, 중독 프로세스를 재구성하며, 희망을 명확히 표현하는 데 오로지 전념하고 있습니다.

협력 및 희망을 위한 맥락을 형성하기

병원, 클리닉 및 중독 치료 프로그램에는 인테이크 평가라고 불리는 더 큰 프로세스의 맥락에서 내담자가 작성하는 표준 평가 양식이 있습니다. 직원 또는 훈련생이 평가 질문을 하나하나 설명하며 내담자와 내담자 이력에 대해 가능한 한 많은 사실적 정보를 얻게 됩니다. 면접관은 낯선 사람이며, 내담자가 다시 만날 가능성이 없는 평가 권위자입니다.

우리는 이 접근법에 짚고 넘어가야 할 부분이 있습니다. 뼈 아프도록 자세하게 자기 파괴적 행동에 대한 비밀 정보를 구슬려 얻어내는 집요한 질문 방식의 진상 규명 인터뷰는 취약하고, 수치스러워 하는 사람을 자기 심판의 가혹한 법정으로 불러내는 것입니다. 그것은 침습적이고, 공포와 방어를 쉽게 불러일으킬 수 있는 상하 계층적 관계를 만들어 놓습니다. 그것은 또한 내담자로 하여금 문제를 해결하는 데 도움이 되는 방법을 탐구하지 못하게 만들며, 내담자들이 중독 프로세스의 중요한 특징인 내면 갈등을 어떻게 헤쳐나가고 있는지에 대해서도 거의 이야기해주지 못합니다. 표준 평가법은 면접관을, 한 수 아래 힘들어하는 내담자 위에 권위를 가진 한 수 위 관리자 위치에 놓고 양측 모두에 피해를 주는 것입니다. 이것은 IFS 접근법과는 정반대입니다.

내담자와의 첫 번째 치료 회기에서, 우리는 시작부터 그들에게 가장 수치심을 자극하는 비밀을 털어놓으라고 촉구하지 않도록 조심합니다. 표준 평가에서의 내담자와 면접관처럼, 내담자와 치료사는 처음에는 서로 낯선 사람입니다. 따라서 IFS 치료에서 우리의 첫 번째 목표는 안전하고 협력적인 맥락을 만드는 것입니다. 우리는 평가를, 시간이 지나면서 발생하는 프로세스로 봅니다. 조사에 착수하는 대신, 우리는 호기심을 갖고, 가정을 피하며, 많은 개방형 질문을 합니다. 그리고 그 후 모든 회기에서 이런 식으로 계속합니다. 우리는 내담자의 이력에 대해 숙지하고는 시간이 지나면서 그들의 기능을 평가합니다. 큰 기관들은 평가에 대한 표준 기준을 만들어 일정 수준의 돌봄을 유지하며, 내담자들이 필요한 것을 확실히 얻을 수 있도록 한다고 알고 있습니다. 따라서 우리는 표준 방법을 바꾸자고 도전하지 말자는 뜻은 아닙니다. 하지만 우리는 어떤 것이 내담자들에게 가장 효과가 있는지에 대해 확신을 가지고 있습니다.

첫 회기가 중요한 것은 그것이 두 번째 회기로 이어진다는 것입니다. 내담자들이 나타나지 않으면 우리는 도울 수 없습니다. IFS에서 우리는 내담자들이 자신들의 몸부림을 기꺼이 드러내고자 하는 의도가 힘든 노력 끝에 얻은 용기임을 인정하면서, 처음부터 비판단적인 입장을 취하고 긍휼의 마음을 가집니다. 치료사로서, 우리는 5P의 체현을 목표로 합니다. 우리의 인내, 끈기 및 관점은 불안감을 없애주고 진정시키는 반면, 내담자와 함께 함과 유머는 마음을 끌어당깁니다. 우리는 관리자, 소방관, 추방자의 세 가지 범주에서 작동하는 내담자의 부분들을 감지합니다. 우리는 양극화된 보호 팀들의 긍정적인 의도를 끌어내고 인정함으로써 그들의 싸움을 다른 눈으로 볼 수 있는 새로운 틀을 제공합니다. 그리고 무엇보다도, 우리는 '당신의 기분은 좋아질 수 있고, 나는 당신의 안내자가 될 수 있다'는 희망을 제공합니다.

치료사의 역할 : 5P

- **인내(Patience)** : 우리는 신뢰를 쌓는 데 시간이 걸린다는 것을 압니다.

- **끈기(Perseverance)** : 우리는 희망을 주고 그 기조를 유지합니다.

- **관점(Perspective)** : 우리는 내담자가 얼마나 멀리 가야 하는지가 아니라 얼마나 멀리 왔는지를 봅니다.

- **유머(Playfulness)** : 우리는 긴장을 늦추기 위해 적절한 때 유머를 사용합니다.

- **함께 함(Presence)** : 우리는 내담자와 완전히 함께 합니다.

연구에 따르면 치료 관계의 질은 치료 결과와 직접적인 관련이 있다고 하며, 중독 프로세스 가운데 있는 내담자에게는 이것이 특히 중요합니다(Miller & Rollnick, 2013). 치료 관계가 안전할 때, 내담자는 견고한 내적 연결을 이룰 수 있습니다. IFS에서 치료사의 참자아와 내담자의 참자아는 협력하는 두 치유자로서, 중독 치료 전체를 조감하면서, 전체 시스템을 살펴보고, 내담자의 시간에 따른 전체 진척도를 확인합니다. 우리는 내담자의 이야기가 펼쳐지고, 그들의 보호자들이 편안함을 느끼면서 약물 사용 패턴에 대한 새로운 정보를 이야기하게 된다고 믿습니다. 이런 현상이 일어나면, 우리는 그것을 매우 긍정적인 신호로 받아들입니다. 추방자들이 내담자의 참자아와의 관계 속에서 치유됨에 따라 갈등 관계에 있는 부분들도 존중하며 협력적인 관계 스타일로 발전할 수 있다는 것을 보여줍니다.

치료사 연습

달래며 주의력을 분산시키는 소방관 부분이
활동하지 못하도록 하면 어떤 느낌인지 확인한다[*]

이 연습의 목적은 당신이 좋아하는 활동이나 행동이 영구적으로 박탈당했을 때 당신의 어떤 부분이 활성화되는지 감지하고 파악하는 것입니다. 이것은 많은 내담자들이 술을 마시지 말라거나 다시는 특정 활동에 관여하지 말라는 말을 들었을 때 보여주는 주저함과 두려움을 이해하는 데 도움이 됩니다. 모든 부분들은 제 역할을 하고 있으며, 중독 프로세스 가운데 있는 내담자에게는 달래거나 주의력을 분산시키는 소방관을 활동하지 못하도록 한다는 생각이 엄청나게 무서울 수 있다는 것을 기억하도록 합니다.

먼저, 편안한 자세를 취합니다. 원한다면 마루에 눕거나 일어나 앉아도 좋습니다. 당신의 호흡에 집중하는 것으로 시작합니다. 편안해지면, 한 손은 가슴에 대고 다른 한 손은 배에 댑니다. 잠시 시간을 내어 이 두 정서의 중심 부위(가슴과 배)로 깊이 숨을 들이마십니다. 준비가 되면, 당신이 특별히 즐기는 활동을 생각합니다. 재미있는 영화를 보거나, 요리를 하거나, 좋아하는 음식을 먹거나, 운동을 하거나, 숲을 걷거나, 독서를 하는 것과 같은 것일 수 있습니다. 당신의 시스템에 논란을 가져오는 활동이나 음식을 선택하지 않도록 합니다. 그와 관련한 어떤 갈등도 가져다주지 않는, 당신에게 진정한 즐거움을 가져다주는 것을 선택합니다.

이제, 이 활동에 관여하고 있는 자신을 주의 깊게 바라봅니다. 당신의 얼굴 표정과 신체 언어에 주목합니다. 준비가 되었으면 이 행동과 관련된 부분에 연결되도록 합니다. 그 부분은 이 행동에 참여하는 것을 얼마나 즐기고 있습니까? 그 행동은 그 부분에게 얼마나 중요합니까? 아마도 매우 중요하거나, 어느 정도 중요하거나, 심지어 중요하지 않게 느낄 수도 있습니다.

---

[*] 이 연습에 대한 개념은 IFS 선임 훈련자 메리 크루거로부터 나온 것이다.

그러고 나서 어느 정도 고통을 줄 수도 있지만 당신에게 몇 가지 중요한 정보를 가르쳐줄 게임을 할 의향이 있는지 그 부분에게 물어봅니다. 만약 그 부분이 동의하면, 게임이 시작 된다고 하고는, 그 부분에게 다시는 이 좋아하는 행동을 절대로 할 수 없다고 말합니다. 만약 그 부분이 이 행동을 좀 더 지속하기 위해 협상하려고 한다면, 그 행동이 다시는 있 을 수 없다, 완전히 끝났다고 매우 단호하게 이야기합니다.

당신이 "안 돼, 다시는 안 돼."라고 이야기할 때 드는 어떤 생각을 포함하여, 이 소식에 대 한 당신 몸 안에서의 모든 반응을 감지하도록 합니다. 만약 어떤 부분이라도 이 금지 명령 에 저항한다면, 즉 그들이 그 행동을 중단하는 데 동의할 수 없다면 그들은 나쁘다고 말해 줍니다. 당신은 배에서 걱정, 불안, 혹은 두려움 같은 느낌이 올라오는 것을 느낄 수도 있 습니다. 당신은 다음과 같은 생각의 반응을 감지할 수도 있습니다. 어! 너 그렇게 하면 안 돼. 아마도 당신은 불신을 감지할 수도 있습니다. 한 부분이 "걱정하지 마, 방법을 찾아볼 게." 혹은 "나한테 이래라 저래라 하지 마."라고 말할 수도 있습니다. 반응하는 부분과 연 결하여 이러한 변화가 그들에게 어떤 영향을 주겠는지 물어봅니다. 당신은 그들이 이 활 동을 포기하는 것에 대해 어떤 우려 사항을 갖고 있는지 물어볼 수도 있습니다. 다시 말하 지만, 그들이 중단할 수 없다면 그들이 나쁘다고 말해줍니다.

마지막으로, 당신의 모든 부분들을 다음과 같이 안심시킵니다 — 이것은 단지 실험이었 고, 실제로 너희들이 즐거하는 것을 계속해도 괜찮아. 떠오르는 생각이나 의견을 포함하 여 그러한 진술이 당신 몸에서 어떻게 느껴지는지 감지합니다. 잠깐의 시간을 갖고 당신 의 경험을 적습니다. 이 박탈 실험이 당신 시스템에 어떤 느낌을 주었습니까? 당신의 부 분들이 꼼짝 못하고 이래라 저래라 지시를 받을 때의 기분이 어땠습니까? 당신의 부분들 이 반대하였을 때 판단받는 기분이 어땠습니까? 마지막으로, 중독 프로세스에 도움을 얻 기 위해 방문하는 내담자와 연결하는 데 있어서, 이 경험이 당신에게 어떤 정보를 제공하 거나 도움을 줄 수 있겠습니까?

_____

_____

_____

_____

치료사 연습

중독자와 중독이라는 단어에 대한 당신의 반응을 탐구한다

이 연습은 중독자 또는 중독이라는 단어에 대해 의식적이거나 무의식적인 편견을 가지고 있는 당신의 부분들을 약간 활성화시키기 위하여 디자인되었습니다. 이러한 용어들은 약물 사용 치료 분야에서 일반적으로 사용되기 때문에, 이 연습을 통해 이러한 단어들이 불러일으키는 눈에 보이지 않는 반응을 탐구할 수 있습니다. 만약 당신 생각에 이 연습으로 지나치게 활성화될 것 같다면, 이 연습을 혼자 하지 마시기 바랍니다. 친구나 동료를 초대해서 함께 하고 서로를 지지하시기 바랍니다.

조용한 장소를 찾아서 편한 자세를 취하되, 시간을 가지고 자세를 조정하여 신체적으로 편안함이 느껴질 수 있도록 합니다. 괜찮으면 눈을 감고 쉬면서 일을 덜 하도록 합니다. 그런 다음 호흡에 초점을 맞추고는, 당신의 들숨과 날숨을 일곱, 여덟, 아홉을 셀 때까지 늘려보도록 합니다. 몸이 안정되면서 당신의 호흡이 깊어지는지 주목합니다. 시간을 가지고 이러한 자기조절의 느낌을 즐기도록 합니다.

준비가 되면, 내면적으로 당신의 생각과 감정에 초점을 맞춥니다. 단순히 내면의 경험에 집중하는 시간을 갖도록 합니다. 이제 중독자라는 단어를 자신에게 몇 번 말하거나 중독이라는 단어를 반복합니다. 이것을 큰 소리로 하든지, 속으로 하면서, 당신의 몸, 감정, 생각에 주목합니다. 마음속에 떠오르는 어떤 이미지가 있는지 주목합니다. 아마도 진짜 혹은 상상의 "중독자"가 당신의 마음의 눈에 떠올랐을 수도 있습니다. 만약 그렇다면, 당신은 그 사람을 향하여 어떤 느낌이 듭니까? 그 사람에 대해 생각하면서 어떤 것이 감지됩니까? 당신은 그 사람에게서 벗어나고 싶거나 돌보고 싶은 충동이 생깁니까?

어떤 이미지가 떠오르지 않더라도 그 단어 자체가 당신 시스템의 어떤 부분들을 활성화시킬 수도 있습니다. 이 부분들이 슬픔, 분노, 진절머리, 좌절감, 절망감, 무력감을 느끼고 있니까? 중독자 또는 중독이라는 단어에 반응하는 모든 부분들에 주목합니다. 이 부분들에게 인사를 하고, 편히 느껴진다면, 호기심을 갖고 그 단어에 대해 처음으로 그런 반응을 보였던 상황을 이야기해 달라고 요청합니다. 이해하였으면 그들에게 이해하였다고 이야기해줍니다.

오가는 대화가 끝난 것 같으면, 그들에게 이야기해주어서 고맙다고 인사합니다. 그런 다음 주의를 되돌려 시간을 갖고 당신의 경험에 대해 그림을 그리거나 일기를 쓰도록 합니다.

_____

_____

_____

_____

_____

_____

_____

_____

_____

_____

_____

_____

_____

_____

_____

_____

_____

_____

_____

표준 평가에서 IFS 평가로

표준 중독 설문의 대부분은 6~25항의 질문으로 되어 있으며 내담자의 중독 증상을 평가하는 데만 초점을 맞추고 있습니다. 이러한 양식은 내담자에게 중독 행동의 빈도, 약물 사용 패턴의 증가, 심취한 수준, 기분의 변화 및 일상 업무를 마치는 능력에 미치는 영향에 대한 보고를 요청하고 있습니다. 또한 파트너와 가족 구성원들로부터의 부정적인 피드백에 대해 묻기도 합니다. 어떤 사람들은 내담자의 원가족에 중독, 폭력, 학대 또는 방치의 이력이 있는지 묻기도 합니다. 앞서 우리가 제안하였듯이, 한 번에 이루어지는 이 모든 정밀 조사는, 새로운 내담자들에게—삶의 어느 시점에서 피해를 받은 적이 있는 사람들뿐만 아니라 가해자였던 적이 있는 사람들에게도—수치감을 불러일으키며, 심적으로 상당한 부담을 가져다줄 가능성이 있습니다. 약물 사용과 가정 폭력 사이에는 중첩되는 부분이 엄청나게 있으며, 우리가 폭력적인 부분들이 가져다주는 영향을 최소화하는 것은 아니지만, 범죄로 인한 죄책감을 갖고 있는 사람일지라도 어떤 한 부분을 추방하는 것이 결코 유익이 되지는 않습니다(Schwartz, 2016).

IFS에서, 우리가 제일 첫 번째로 취해야 하는 치료 개입은 낙관적이고 비판단적인 태도입니다. 우리가 인내심과 열린 마음을 가지고 있다면, 강박적인 소방관 부분들이 우리와 대화할 것입니다. 우리는 그들이 추구하는 유익에 관심을 갖기 위해 그 부분들의 행동이 가져다주는 해로운 영향을 최소화하거나 그 부분들을 눈감아줄 필요는 없습니다. 그리고 이 주제에 대해 소방관들은 하고 싶은 말이 많습니다. 내담자들은 어떻게 자신들이 소방관들의 행동으로부터 유익을 얻었는지, 그리고 어떻게 각 행동이 그들의 충족되지 않은 욕구를 찾아낼 수 있는 단서가 되는지 이해할 필요가 있습니다. IFS에서, 우리는 이러한 단서들을 시작점이라고 부르고, 그것들을 "이쪽으로 따라 오세요!"라고 말하는 초대장으로 봅니다. 우리가 긍휼의 마음을 가지고, 주의를 기울이며, 치료의 길을 걸어갈 때, 내담자는 힘든 시기에 자신들을 살려준 부분들의 이야기를 듣게 되고, 그 부분들은 자신들의 애착 상흔을 치유해줄 내적 관계를 구축하기 시작합니다.

우리는 내담자가 자신들의 부분들과 친해지고, 그들의 동기를 이해하도록 안내하면서, 누가 새로운 것을 시도할 준비가 되어 있고, 누가 그렇지 않은지 알아냅니다. 우리는 양가 감정을 기대합니다. 만약 내담자가 수년간 변화를 시도한 후에 우리 상담실로 왔다면, 우리는 그 문제가 아직 해결되지 않았다는 것을 알 수 있습니다. 하지만 그들이 다시 시도하려는 의지는 그들의 부분들 중 일부가 (또는 많은 부분들이) 다시 시도할 준비가 되었다는 것을 나타냅니다. 동시에, 우리는 그들에게 다르게 느끼는 다른 부분들이 있다는 것을 알 수 있습니다. 어떤 부분들은 지나치게 감정적인 것을 두려워하고, 또 어떤 부분들은 사람들을 두려워하며, 또 다른 부분들은 약물의 사용을 즐기고 있습니다. 복잡한 감정과 다양한 관점은 정상이어서 그들 모두를 함께 탐구할 필요도 있습니다. 신체적 갈망, 정서적 고통 및 지나치게 일시적인 위안의 사이클에 갇혀 있는 사람들은, 이러한 긍휼의 마음을 가지고 지속적으로 성찰을 함으로써 치유로 나아갈 수 있기에, 필사적인 내적 탐구가 필요합니다.

의사이자 작가인 가보르 마테는 "왜 이 중독인가?"라는 질문을 제쳐놓고 대신 "왜 이 고통인가?"라고 물을 것을 제안하고 있습니다. 비슷한 방식으로 IFS 치료사들은 '왜 당신은 자기파괴적 행동에 몰입하고 있는가?'라는 질문을 제쳐놓고 '어떻게 당신의 부분들은 당신을 도우려 하고 있는가?'라고 질문합니다. 우리는 "왜 당신은 그렇게 주의를 기울이지 않습니까?"라는 질문을 삼가고, "당신이 이 약물을 더 이상 사용하지(이 활동에 참여하지) 않으면 어떤 일이 일어날까 봐 두려워합니까?"라는 질문을 합니다. 우리는 극단적인 행동의 이면에 있는 욕구에 대해 듣고자 내담자의 모든 부분들로부터 그 정보를 얻습니다. IFS는 어느 한 부분을 편드는 것을 피하고 오늘 내담자가 있는 곳에서 시작함으로써 명료하고 친절하게 개입할 수 있게 해줍니다.

자신만의 평가 지침을 만드는 치료사를 위한 조언

만약 당신에게 자신만의 초기 평가 지침을 작성할 수 있는 자유가 있다면, 내담자의 중독 프로세스와 절제 시도의 이력에 대해 길고 지루한 초기 평가를 하지 않는 것이 좋습니다. 첫 번째 만남의 목표는 내담자와 관계를 맺는 것입니다. 기억하십시오. 당신은 도움을 구하는 사람들이 기꺼이 다시 방문하여 도움을 얻게 되기를 원합니다.

어떤 내담자의 중독 프로세스를 평가할 때 내담자들마다 처음에는 다른 최종 목표를 갖는다는 것을 기억하는 것도 중요합니다. 자신들의 소방관 부분들에 대해서는 이야기하지만, 관리자들에 대해서는 이야기하지 않는 내담자들은 분명히 금욕의 개념에 알레르기 반응을 보이게 됩니다. 그들이 금욕에 대해 어떤 이야기를 들었는지 물어봄으로써 이러한 혐오감을 찾아낼 수 있습니다. 많은 사람들은 다른 어떤 결과도 실패라는 이야기를 듣게 될 것입니다. 이 질문은 또한 당신으로 하여금 당신의 접근 방식을 명료하게 만들어 줄 것입니다. IFS 치료사는 내담자가 자신의 부분들을 통제하도록 하는 것이 목표가 아니라, 그들과 관계를 맺도록 돕는 것에 목표를 둡니다.

내담자가 생존을 위해 즉각적인 치료 개입이 필요한 경우, 협상의 여지가 많지는 않습니다. 그러나 그럴 경우조차도(혹은 특히) 가혹한 관리자들과 극단적인 소방관들은 모두 좋은 의도를 가지고 있고, 추방자들은 치유될 수 있으며, 입원치료가 끝난 후에도 내담자는 치료를 계속 받을 수 있다는 사실을 확실히 하는 것이 도움이 됩니다. 안도감을 가져다주는 이러한 따뜻한 말은 협조를 얻어내는 데 많은 도움을 줄 수 있습니다.

전통적인 중독 이력 조사를 해야 하는 치료사를 위한 조언

만약 당신이 중독 이력 설문지를 사용하는 기관에서 근무하는 경우, 자신은 기관으로부터 약간 거리를 두고 내담자 편에 섬으로써 앞서 언급한 문제들 중 일부를 피해갈 수 있습니다. 예를 들어, 당신은 다음과 같이 이야기할 수 있습니다. "클리닉에서는 우리 보고 이 양식을 작성하라고 합니다. 그러고 나서 당신이 필요로 하는 것과 당신이 찾고 있는 것에 대해 이야기하겠습니다." 설문지를 작성한 후에 당신은 내담자의 부분들, 다양한 영역에서 내담자가 잘 기능할 수 있도록 돕는 부분들과 중독 행동에 관여하는 나머지 부분들을 점검할 수 있게 됩니다. 이 평가를 계속 진행하면서, 당신은 이 첫 번째 인터뷰에서 (지금으로서는 당신 혼자만 알기 위해서) 주도하고 있는 부분의 역할을 평가하고 싶을 것입니다. 그 부분은 소방관입니까, 관리자입니까, 아니면 추방자입니까?

IFS 치료사가 치료를 시작하는 방법

- 내담자가 가지고 있는 부분들의 전체 시스템을 환영하고 암묵적 직접 접근법을 사용하여 섞인 부분들 모두와 대화합니다.

- 왜 그들이 지금 도움을 구하고 있는지 묻고, 그들의 답변에서 서로 충돌하는 부분들에 귀를 기울입니다.

- 다가가고자 하는 그들의 용기를 지지합니다.

- 부분 언어로 과거를 되돌아보면서 IFS 모델의 언어와 관점에 몰입합니다(예 : 어떤 부분들은 다른 부분들의 행동을 통제하고 싶어합니다. 또 어떤 부분들은 자신들의 기

능에 대해 걱정하고, 또 다른 부분들은 약물 사용을 좋아합니다).

- 당신에게는 내담자의 부분들이 안전을 유지하는 방법을 놓고 반복적인 싸움을 벌이는 내면 공동체(또는 가족)로 보인다고 설명합니다.

- 내담자가 긴급성을 거론하며, 자신의 중독 행동을 다루는 것이 분명해 보이는 경우, 당신은 진행되고 있는 논쟁에서 어느 한쪽만 듣고 있다고 가정합니다.

- 직관에 반한다고 느낄 수도 있지만 계속 약물을 사용하고 싶어하는 부분들과 대화를 합니다. 그들은 초조하며 치료의 도움을 구하는 것에 대해 의구심을 갖습니다. 그들은 당신이 자신들의 관점에 관심을 가지고 있다는 것을 알고 싶어합니다.

- 이 양극성의 양쪽에 있는 회의적인 부분들, 즉 신뢰하기를 주저하는 부분들과 혼돈, 불안정 건강 문제로 지쳐 있는 부분들을 초대합니다.

- 부분들은 의심의 짐을 지고 있으며, 도움을 얻기 위해 다시 한 번 더 시도하는 것을 두려워할 수도 있다고 가정합니다.

소방관이 먼저 이야기를 꺼낼 경우

소방관들은 직접적인 대답을 잘 피하며, 내담자가 자신들의 약물 사용 수준이나 기타 중독 행동을 최소화하고 있다는 뚜렷한 인상을 당신에게 남길 수도 있습니다. 예를 들어, 소방관은 내담자의 상황을 다시는 일어나지 않을 단 한 번의 현재 위기라고 합리화시킬 가능성도 있습니다. 소방관은 또한 문제가 있다는 것을 노골적으로 거부하면서 다른 사람들의 과장된 우려가 정말로 문제라고 주장하거나, 혹은 내담자에게 도움을 구하라고 지시한 누군가에 대해 불평할 가능성도 있습니다. 그들의 전략이 무엇이든, 별거 아니라는 이러한 태도는 치료사를 곤경에 빠뜨립니다. 당신은 좀 더 확고한 입장을 취하고 좀 더 정직한 대답을 해달라고 요구합니까? 아니면 힘겨루기를 해봤자 소용 없다는 사실을 받아들이고 진실성이 의심스러운 모호한 대답을 합니까?

만약 당신이 내담자의 소방관들에게 좀 더 대립적인 입장을 취하면, 당신은 소방관들에 대항하여 내담자의 관리자 부분들과 동맹을 맺게 됩니다. 그러나 당신이 그들에게 전혀 도전하지 않는다면, 당신은 대화에서 관리자들을 배제하고 있는 것입니다. 어떤 선택지이든지 좋은 것은 아닙니다. 배제된 관리자들이 결국은 복수심을 갖고 개입하게 되는 것처럼, 소방관들도 묵

살되면 언젠가는 장악하게 됩니다. 그래서 당신은 어떻게 합니까? 다행히도 당신은 관리자와 한 팀이 되거나, 소방관들보다 한 수 위일 필요는 없습니다. 내담자에게 상대편의 이야기를 들은 적이 있는지 그냥 물어보는 것이 더 쉽고 효과적입니다.

예를 들어, 38세의 아일랜드계 미국인이며, 이성애자 기혼자이고 시스젠더 남성인 로저는 건설 관리직에서 일하고 있었습니다. 그는 우울증을 가지고 있었고, 최근에 알코올과 대마초 사용이 대단히 증가하였습니다. 그의 아내는 남편보고 치료를 받아볼 것을 고집하였습니다. 다음은 그의 세 번째 회기였습니다.

소방관과 작업하기

⚙

치료사 : 어떠신가요, 로저 씨?

로저의 소방관 : 그리 좋지는 않아요. 아내는 나와 대화를 하지 않고 있어요. 어젯밤에 내가 차고에서 시간을 보내고 있다는 이유로 한바탕 싸웠어요. 아내는 그것을 아주 싫어해요.

치료사 : 스트레스 받을 것 같네요. 당신이 "차고에서 시간을 보내고 있다"고 표현한 것은 술을 마시고 있었다는 뜻인가요?

로저의 소방관 : 네, 자정이 될 때까지 거기에 있었어요.

치료사 : 어허. 그럼 퇴근 후에 그리 가신 건가요?

로저의 소방관 : 집에 도착해서는 집안으로 들어갔지요. 그런데 내 트럭에 대마초 한 갑이 있었기에, 나와서 차고로 갔어요. 거기에는 TV랑 모든 것이 있거든요.

치료사 : 그랬군요. 다시 집안으로 돌아왔을 때는 모두가 잠들어 있었고 당신은 상당히 취했겠네요.

로저의 소방관 : 네, 소파에서 잤어요. 일어나 출근하려는데, 아내가 나한테 잔소리를 하기 시작하는 거예요. 그녀는 내가 아이들도 전혀 돌보지 않으니, 자기가 모든 일을 해야 한다고 생각하고 있어요. 내가 자기를 곤란하게 만들고 있다고 하는 거예요.

치료사 : 당신이 아내와 아이들과 함께 하지 않고 당신 하고 싶은 일을 하고 있을 때는, 아내가 화가 나고 아마 실망스러워하겠네요.

로저의 소방관 : 난 정말 그런 쓰레기 같은 소리를 들을 필요가 없어요. 직장에서 일이 엄청 많았었는데, 아침에 눈을 반쯤 뜨기도 전에 나한테 소리를 지를 필요는 없잖아요.

치료사 : 맞아요. 누가 나한테 소리를 지르면 스트레스지요. 당신도 아마 기분이 썩 좋지 않을 것 같네요.

로저의 소방관 : 그럼요. 좋지 않았지요! 그녀는 배려심이 없어요. 한 번 정도는 그만둘 수도 있잖아요.

치료사 : 맞아요, 이해해요. 아내가 당신에게 자주 화를 내는 것 같네요. 질문 하나 해도 될까요? (로저가 고개를 끄덕인다.) 당신이 곁에 없다고, 당신이 취해 아이들과 함께 있어주지 않는다고 아내가 비난할 때, 그와 똑같은 이야기를 자신에게 말한 적이 있나요? 아마도 아침에 처음 일어날 때라든지?

> 이것은 분리시키는 질문이다. 치료사는 부분의 이름을 직접 거론하지 않으면서 대명사 '당신'을 사용하며 소방관과 직접 대화하고 있는데, 이것이 암묵적 직접 접근이다. 치료사는 이제 내담자에게 다른 부분들을 감지해 보라고 요청한다.

로저의 소방관 : 내 자신에게 어떤 이야기를 하냐고요? 그녀가 나를 비난하기 전에는 나는 그런 헛소리를 할 시간이 없어요.

치료사 : 맞아요, 오늘 아침에는 당신이 깨어나 화난 아내를 보았어요. 하지만 제 질문은 더 일반적이에요. 오늘 아침이 아니라 할지라도, 비슷한 생각을 해본 적이 있나요? 이를테면, 면도를 하고 있다가 거울을 보고는 '알았어, 아마도 내가 (약물을) 너무 많이 하고 있나 봐'라고 생각했든지. 아니면 아이들과 함께 많이 있어주지 않았기에, 일종의 죄책감을 느꼈다든지. 그게 가능한가요? 당신은 이 모든 것을 혼자 걱정을 해본 적이 있었나요?

> 치료사가 끈질기게 질문한다.

로저의 소방관 : 내가 매일 이 짓을 하는 것처럼 그녀도 똑같은 소리를 계속 해요. 그런데 나는 —

치료사 : (치료사가 가로막는다.) 네, 알겠어요. 당신이 아내는 더 이상 당신에 대해 어떤 좋은 점도 보지 못한다고 생각하고 있는 것 같네요. 하지만 아내 말고, 아내가 당신에게 화내는 것 말고, 당신이 비슷한 이야기를 자신에게 말한 적이

있는지 궁금해요. 예를 들어, '줄여야겠어' 혹은 '아침에 일어났을 때 머리가 너무 아파' 같은 것처럼요.

> 치료사는 소방관의 말을 가로막고, 덧붙여 요점을 인정하고는 끈질기게 질문한다.

로저 : 지금까지 그런 적이 있냐고요? 내가 술 마시고 약물에 취하고 그런 것들 때문에 기분이 영 좋지 않게 느꼈던 적이 있었냐고요?

> 로저는 자신에게 관리자 부분들이 있다는 것을 인성할 수 있을 만큼 소방관과의 사이에 약간의 여유 공간을 확보하면서 로저의 참자아가 등장하기 시작한다.

치료사 : 맞아요, 당신은 자신에 대해 조금이나마 걱정해본 적이 있나요?

로저 : 아, 네. 거지 같은 차고에서 밤을 보내는 건 그리 멋진 일이 아니라는 말이에요. 내가 평생 이걸 하고 싶지 않다는 이야기예요. 하지만 아내는 그게 내가 하는 전부인 것처럼, 내가 딴 세상에 사는 것처럼 행동하고 있어요. 지난 주말에 나는 아내와 아이들을 데리고 처제를 만나러 갔어요.

> 소방관이 다시 뛰어든다.

치료사 : (치료사가 가로막는다.) 알아요. 아내는 자신만의 관점을 가지고 있는데, 그것이 당신의 관점과 일치하지 않는다는 것을 알고 있어요. 하지만 아내의 관점 말고, 당신은 자신만의 느낌, 자신만의 사물에 대한 감각을 갖고 있는데, 이 것이 때로는 당신의 건강에 도움이 되는 것보다 조금 더 많이 약물을 사용하고 있다는 것을 말한다고 들었는데, 제대로 들었는지요?

> 치료사는 다시 소방관의 말을 가로막고, 덧붙여 요점을 인정하고는 끈질기게 질문한다.

로저 : 물론, 기분이 언짢은 날도 있었어요.

> 로저는 자신의 양극성을 인정한다.

치료사 : 좋아요. 그래서 제가 듣기로는, 당신에게 어떤 한 부분, 아마 여러 부분들이

있을 수도 있는데, 그들이 약물에 취하고 싶어 그 짓을 하도록 그냥 내버려 달라고 하는군요. 그렇죠? (로저는 고개를 끄덕인다.) 그리고 당신에게는 그 부분에 대해 비판적인 다른 많은 부분들이 있어, 그 술 마시는 부분들이 도를 넘고 있으며, 약물 사용이 문제를 일으키고 있다고 말하고 있네요.

> 치료사는 로저의 부분들 사이의 양극성을 설명한다.

로저   : 네. 그게 사실인 것 같아요.

치료사   : 사는 것이 쉽지 않죠, 그렇죠? 약물을 사용하고는 자신에게 화를 내고는, 다시 약물을 사용하지 않으려고 애쓰는 것 사이를 오가다가 다시 사용해야 할 것 같은 느낌이 들고… 이런 식으로 계속되지요.

> 치료사는 큰 그림을 그린다.

로저   : 네, 그게 제 삶이에요.

> 로저는 이제 좀 더 분리되었고 더 잘 조감할 수 능력을 갖게 되었다.

치료사   : 그 문제를 해결하기 위해 우리가 뭔가 해볼 수 있겠네요. 만약 찬성하신다면, 당장이라도 뭔가 시도해보시지요. (로저가 끄덕인다.) 좋아요, 준비하시지요. 이 모든 부분들을 큰 테이블로 초대해 당신 곁에 앉히세요. 당신은 테이블 맨 앞에 앉고, 마음을 가라앉히고 취하고 싶어하는 약물 사용하는 부분들을 한쪽에 앉히세요. 그런 다음 약물에 취하는 것을 달가워하지 않는 남은 부분들을 반대쪽에 앉히세요.

> 보호자들이 양극화되어 있을 때는 쌍방이 함께 회의를 함으로써 모든 부분들이 분리되게 된다. 그것은 마치 모든 사람이 자기 패를 테이블 위에 꺼내 놓고 있는 포커 게임 같다.

로저   : 좋아요. 이제 어떻게 하죠?

치료사   : 만약 업무 회의가 있을 때, 테이블 이쪽에 있는 사람들은 프로젝트를 진행하고 싶어하지만 저쪽에 있는 사람들은 그렇지 않다면, 당신은 양쪽에 귀를 기울이겠지요, 그렇지요? (로저가 고개를 끄덕인다.) 그러니 양쪽에게 당신이 그

들 모두의 이야기에 귀를 기울이려고 한다는 것을 알려주세요. 그들은 모두 중요한 견해를 가지고 있어요. 그들이 서로 싸우는 것을 잠시 멈추고 잠깐만 당신과 이야기하는 것으로 전환할 의향이 있는지 물어보세요.

로저 : 좋아요. 하지만 그들이 나를 신뢰하는 것 같지 않네요.

치료사 : 물론 그럴 거예요. 그들의 불신이 느껴지지만, 그들 모두가 당신에게 중요하기 때문에 앞으로 당신이 그들의 신뢰를 얻으려고 한다고 말해주세요.

로저 : 글쎄… (그가 빙그레 웃는다.) 여기 그들 모두가 동의할 수 있는 한 가지가 있어요. 그것은 우리가 여기서 가야 할 길이 있다는 것이죠.

치료사 : 맞아요. 우리에겐 길이 있어요. 하지만 당신은 지금 당신의 길을 가는 중이에요. 이건 새로운 거예요. 그들이 덜 외롭다고 느낄 수 있도록 그들과 함께할 의향이 있으세요?

로저 : 아, 알겠어요. 네. 그들이 외롭다고 느끼고 있군요. 그들이 내가 여기 있는 것을 좋아하네요.

만약 내담자가 치료를 의무적으로 받게 하였다면 (희생이 큰 강박적인 행동을 하는 사람들에게 종종 일어남) "무엇 때문에 치료를 받으러 오셨나요?"라는 질문은, 우리가 로저에서 보았듯이, 희망과 참여하려는 의지보다는 섞여있는 소방관 부분으로부터 불평과 방어, 혹은 심지어 치료사의 동기에 대한 피해망상을 불러일으킬 수도 있습니다. 로저는 자신의 행동 및 그것이 아내와 아이들에게 미치는 영향보다는 아내의 분노에 초점을 맞추는 것으로 이번 회기를 시작하였습니다.

분노하며 방어적인 그의 약물 사용 부분들은 마치 그녀의 분노가 근거가 없는 것처럼 말하였습니다. 그들은 공감을 표현하지 않았고 그의 부재와 음주가 가족에게 어떤 영향을 미쳤는지 이해하는 데는 관심이 없었습니다. 그들은 또한 약물 사용이 자신에게 문제를 일으킨다는 것을 알고 싶지도 않았습니다.

치료사가 아내의 관점을 충분히 지지할 수도 있었지만, 그렇게 하면 정직하거나 도움을 요청할 정도로 아직 마음이 편치 않은 소방관들과 양극화가 이루어지게 됨을 의미하게 됩니다. 이와는 달리 치료사는 로저가 아내의 분노가 도를 넘었다고 말하였을 때 로저에게 도전함으로써 로저가 이유를 깨닫고, 그의 음주가 문제를 일으키고 있다는 사실을 인정하기를 바랐을 수도 있었습니다. 하지만 이 두 옵션으로, 치료사는 로저의 소방관 입장에 도전하였을 것입니다.

이 IFS 치료사는 다른 목적을 가지고 있었습니다. 그것은 로저가 자신의 다른 팀, 즉 자신의 약물 사용에 대해 책임감을 느끼고 염려하며, 자신의 가족을 걱정하는 관리자들을 발견하도록 돕는 것이었습니다. 로저의 초기 소방관 이야기에서, 그는 다른 사람들에 대해 불평했고, 그의 관리자들 목소리는 들리지 않습니다. 하지만 치료사는 그들이 존재하며 로저의 음주를 통제하려고 애쓰고 있다는 것을 알고 있었습니다. 치료사는 이 두 보호자 팀이 내면에서 서로 싸우고 있다는 것을 알고 있었던 것입니다. 로저가 이러한 내면 갈등을 아내와 아이들과의 관계(혹은 치료사와의 관계)에 투사하는 것을 중단하도록 돕기 위해, 치료사는 호기심을 유지하고 로저가 때때로 자신에게 화를 내는지 물었습니다. 그가 결국 어느 정도 자기 비판을 하고 있음을 인정하자, 치료사는 그가 양극화된 팀들을 만나도록 도울 수 있었습니다. 로저가 양쪽의 긍정적인 의도를 받아들일 수 있는 제3자로서 테이블의 맨 앞에 앉으면서, 치료사와 협력하며 자신의 관리자 및 소방관과 참자아-부분의 관계를 구축하기 시작할 수 있었습니다.

관리자가 먼저 이야기를 꺼낼 경우

앞서의 로저와의 대화는 섞여 있는 소방관 부분들과 대화할 때 우려의 증거를 찾아내기 위해 우리가 어떻게 조사하는지를 보여줍니다. 하지만 우리가 관리자와 대화할 때는 또 하나의 방법을 사용하는데, 그것은 관리자들의 우려를 검증하는 것과, 탈진되어있는지 그리고 새로운 것을 시도해보려는 의지가 있는지를 확인하는 것입니다. 48세의 멕시코계 미국인이며 독신의 시스젠더 여성인 헬렌의 경우를 생각해보겠습니다. 헬렌은 폭식증을 갖고 있어 10대 시절 대부분을 치료를 받으며 보냈습니다. 그녀는 더 이상 폭식과 구토를 하지는 않았으나, 간간이 피우는 담배와 "건강에 좋지 않은 야식 습관"에 대해 몹시 걱정하고 있었습니다. 이러한 식습관은 그녀의 수면과 낮 동안의 기능을 방해하고 있었습니다. 그녀는 또한 참고로, 대부분의 주말을 오랜 친구들과 술 마시고, 약을 먹으며, 대마초를 하면서 보낸다고 하였습니다.

많은 내담자들이 하나 이상의 소방관 활동에 관여하고 있습니다. 무질서한 식사와 약물 사용이 흔히 볼 수 있는 조합입니다. 헬렌의 식습관 문제는 비교적 가벼웠기 때문에, 치료사의 한 부분은 헬렌의 만성적이고 심한, 주말의 약물 사용 문제를 최우선적으로 다루고 싶었습니다. 하지만 치료사는 헬렌을 지금 여기서 만나기 위해 그러한 의무감을 옆으로 밀어 두고(그것을 무시하지는 않으면서), 그녀가 자신의 시스템을 이해하며, 어느 정도 명료함과 즉각적인 안도감을 얻도록 도왔습니다.

관리자와 작업하기

치료사 : 헬렌 씨, 당신이 업무로 꽤 스트레스를 받고 있어 주말에는 정말로 모든 것을 내려놓고 있다는 이야기로 들려요. 맞나요? (헬렌이 고개를 끄덕인다.) 이야기를 해주셔서 고마워요. 아마 나중에 어느 때인가는, 그것이 당신에게 어떻게 도움이 되는지에 대해 좀 더 많이 이야기할 수 있을 것 같아요. 하지만 지금으로서는 야식 습관이 가장 중요한 것 같아요. 그에 대해 좀 더 자세히 말해주세요.

헬렌의 관리자 : 네, 주말은 좋아요 ─ 저는 나만의 주말이 필요해요!

치료사 : 당신 심정을 이해해요. 당신은 당신만의 주말이 필요하지요.

> 헬렌은 자신의 약물 사용 소방관 부분들과 섞여 있다. 치료사는 그 부분들에게 도전하지 않고 헬렌이 약물을 사용해야 한다는 사실에 내면적으로 주목한다.

헬렌의 관리자 : 하지만 저는 이 식습관을 극복해야 해요! 어젯밤 시리얼을 먹으려고 새벽 2시에 일어났었기에 오늘 직장에서 너무 피곤했어요. 이건 말도 안 되지요. 그래서 전 담배를 몇 대 피웠어요. 역겨워서 끊어야 하는데. 그리고 새벽 4시가 되어서야 다시 잠이 들었어요. 이런 일이 몇 달째 계속되고 있어요. 더 이상 참을 수가 없어요! 그리고 오늘 밤에도 또 그럴 거예요.

치료사 : 걱정하며 스트레스를 받고 있군요. 뭔가 이상한 느낌이 들고 그것이 다음 날 직장 일에 영향을 주고 있어요. 하지만 당신은 그것을 다루지 못하고 있네요.

> 치료사는 헬렌의 걱정하며 좌절한 관리자들에게 직접 말하고 있다. 이것은 직접 접근임을 보여주고 있다. 그 부분들이 누군가로부터 이해받고 있다고 느끼도록 해줌으로써 그들이 분리되도록 도와준다.

헬렌의 관리자 : 그게 절 망치고 있어요, 틀림없어요! 그게 지겨워요. 정말 역겨워요. 다시 잠들려고 애쓰지만 안 돼요. 어떤 것도 효과가 없어요. 저는 이걸 극복해야 해요. 이렇게까지 힘들 줄이야!

치료사 : 제가 듣고 있었던 이야기와 알아차렸던 부분들을 되돌아볼게요. (헬렌이 고개를 끄덕인다.) 부분들이 한 팀 있는데 우리는 그들이 당신의 관리자 팀이라고 부를게요. 그들은 야식 습관에 대해 매우 우려하고 있어요. 한 비판적인 부분은 그 모든 식습관을 면밀히 살펴보고는 그 습관을 싫어하고 있어요. 판단하는 부분도 식습관과 흡연을 혐오하고 있어요. 그러자 저는 매우 다급해 하며 심지어 필사적으로 통제하는 부분에 주목하게 되었어요. 그 부분은 이렇게 말하네요 — 이런 습관은 중단시켜야 해. 그리고 중단하는 것이 그리 어렵지 않아야 한다고 말하는 또 다른 가혹하며 완벽한 부분이 있었던 것 같아요. 이 부분들은 야식을 먹고 담배 피우는 부분들을 어떻게든 바꾸고 싶어하는 것 같아요. 우리는 후자의 부분들을 당신의 달래는 팀이라고 부르겠습니다.

헬렌의 관리자 : 네, 그들은 제대로 바뀔 필요가 있어요.

> 헬렌은 관리자 팀과 섞여 있다.

치료사 : 그런데 야식을 먹고 담배 피우는 부분들은 귀를 기울이지 않는 것 같아요. 그렇지요? 비판하는 부분, 판단하는 부분, 그리고 완벽주의적인 부분들이 그 부분들에게 아무리 소리지르더라도 달래는 팀은 매일 밤 또 다시 그 짓을 하지요. 그리고 아마도 배경에 무서워하며, 바로잡는 것에 절망감을 느끼는 작은 부분이 하나 더 있을지 몰라요. (헬렌은 고개를 끄덕이며 어깨를 으쓱한다, 이것이 모두 매우 익숙하기 때문이다.) 그들 모두를 초대해 큰 회의 테이블에 함께 앉도록 하지요. 당신이 맨 앞에 앉고, 그들은 서로 마주 보고 앉게 합니다. 그들이 보이나요? 그리고 그들이 당신을 보고 있나요? (헬렌이 끄덕인다.) 무서워하며 절망감을 느끼는 부분도 참여하고 싶어하면, 그 부분을 당분간 당신 맞은편, 문 쪽에 앉히세요. 헬렌 씨, 어떤 팀이 당신의 관심을 먼저 받고 싶어하나요?

헬렌의 관리자 : 저는 식습관에 대해 작업해야 해요! 그래서 시리얼 먹는 부분부터 하고 싶어요.

치료사 : 좋아요. 그 부분과 시작해보지요. 당신은 밤에 시리얼을 먹고 있는 자신의 모습이 보이나요?

헬렌의 관리자 : 큰 시리얼 그릇을 들고 소파에 앉아 있는 제 자신이 보여요.

치료사　　　 : 좋아요. 그럼 그냥 느긋이 앉아서 그녀를 관찰해보세요. 그녀의 표정이 어떤 가요? 그녀의 신체 언어는 어떤가요? 바라보면서 그녀를 향하여 어떤 느낌 이 드나요?

헬렌의 관리자 : 불쌍해요. 그냥 거기 앉아서 퍼먹고 있어요. 그녀를 바라보는 것만으로도 우 울해져요.

> 치료사는 이 가혹한 말에 반응하여 자신의 부분들이 위축되는 것을 알아차린다.

치료사　　　 : 음, 좋아요, 당신에게는 시리얼을 좋아하는 부분을 향해 비판적인 느낌을 갖 는 부분이 있네요. 그 부분은 혐오스럽고 비판적이에요.

헬렌의 관리자 : 네, 식습관이 역겹기 때문에요.

치료사　　　 : 알겠어요. 시리얼을 먹는 부분이 정신없이 먹는 것 말이지요? (그녀는 고개를 끄덕인다.) 그리고 당신은 그 비판자가 그녀를 얼마나 호되게 꾸짖는지 들리 세요?

헬렌의 관리자 : 야식은 아주 나쁜 습관이야! 그런데 중단할 수가 없고, 살이 찔까 봐 두려워, 담배를 피우는 거야. 하지만 나는 흡연을 싫어해! 그리고 매일 밤 잠자리에 들 때면, 나는 오늘 밤에는 일어나서 그 짓을 하지 않을 거야라고 말하지. 하 지만 나는 기어코 그 짓을 하지. 이유를 모르겠어. 아, 내 자신이 싫어!

치료사　　　 : 당신의 관리자들은 당신이 한밤중에 통제가 안 되니 당신을 두려워하는군 요. 그리고 담배를 피우는 부분은 살이 찌지 않도록 돕고자 애를 쓰는군요. 잠시 멈추고 그 부분들에게 감사하시지요. 그들은 당신이 곁에 있는 것을 아 나요?

헬렌　　　　 : 네, 그럼요. 그들은 내가 귀 기울이고자 애쓰고 있는 것을 알고 있는 것 같아 요. 하지만 그들은 나를 싫어해요.

치료사　　　 : 비판자는 당신의 몇몇 부분들을 정말 싫어하지만, 아직 당신을 알지 못하기 때문에 당신을 미워하는 것은 아닐 거예요. 비판자 부분에게 당신이 귀를 기 울이고 있다는 것을 알려주세요. 그러면 당신은 그 부분이 야식을 하고 담배 를 피우는 부분들을 싫어한다는 것을 알게 되지요. 하지만 당신이 그들은 아 니잖아요. 당신은 모든 부분들에게 귀를 기울이는 사람이에요. 비판자가 지 금 당신에게 이야기하고 있는 거예요.

헬렌	: 담배를 피우는 부분은 내가 시리얼 먹는 부분이라고 생각했어요. 흠.
치료사	: 시리얼을 먹는 부분은 분명히 존재해요. 비판자에게 왜 시리얼 먹는 부분을 싫어해야 하는지 물어보세요. 그 부분은 어떻게 당신을 돕고자 애쓰고 있나요?
헬렌	: 그녀가 음식에 완전히 빠져 있어서 더 나빠질 거라고 생각하기 때문에 비판자가 그녀를 싫어해요. 마치 그녀는 다시 토하고 더 먹기 시작할 것 같아요.
치료사	: 일리가 있네요. 그리고 그건 정말 좋지 않겠지요. 비판자는 시리얼 먹는 부분이 지금보다 훨씬 더 나빠질 것이라고 보았나요?

> 치료사는 헬렌이 비판자의 의도를 주의 깊게 듣도록 돕고 있다. 비판자의 의도는 소방관 행동의 재발을 방지하고 헬렌이 10대 때 폭식증으로 고통받는 것을 비판자가 보았다는 것을 헬렌이 충분히 이해하도록 하는 것이다. 따라서 그의 두려움은 정당하다.

헬렌	: 글쎄, 네, 물론 비판자는 내가 더 나빠진 것으로 보았어요. 내 말은, 난 항상 토했어요. 제 식습관은 말도 아니었어요. 제 삶은 완전히 엉망이었지요.
치료사	: 그때가 최고로 힘든 시간이었겠네요. 비판자에게 당신이 이해하였다고 이야기해주세요. 오래전 일이지만, 비판자의 말도 일리가 있어요! 그 당시, 폭식과 구토 부분들은 통제 불능 상태였고 그들이 당신의 삶을 지배했네요. 그걸 이해하시죠, 헬렌 씨?
헬렌	: 네, 그게 얼마나 나빴는지 알지요. 이제는 비판자가 왜 시리얼 먹는 부분을 중단시키려 애쓰는지 알겠어요.
치료사	: 하지만 지금은 다른 선택지가 있어요. 만약 당신이 시리얼을 먹는 부분 및 담배 피우는 부분과 연결되어 그들을 도왔다면, 비판자, 판사, 완벽주의자가 조금이라도 기꺼이 내려놓았을까요?
헬렌	: 그건 잘 모르겠대요!
치료사	: 서두를 필요는 없어요. 하지만 먹고 담배 피우는 부분들이 선의를 가지고 있다는 것을 그들이 알아야 해요. 그들에게는 눈에 보이는 것 이상의 것이 있어요. 우리가 그들과 연결해서 그들이 에너지를 다른 방식으로 사용하도록 도울 수 있다면, 그것이 좋지 않을까요?
헬렌	: 글쎄, 우리가 할 수 있다면 좋겠지요. 하지만 비판자는 확신이 서지 않는데요. 그 부분은 내가 영향력을 갖고 있다고 생각하지 않아요.

치료사	: 당신이 그걸 증명해야 하겠지요, 그렇지요? 이번 회기에서 당신의 역량을 보여주기 위해 잠깐만이라도 그들이 한걸음 뒤로 물러서 당신이 먹고 담배 피우는 부분들과 연결되도록 허락할 수 있을까요?
헬렌	: 네, 알겠어요. 그들은 내가 해보게 할 거예요. 그들은 이 모든 것에 너무 지쳐 있어요.
치료사	: 그들이 지쳐있군요. 하지만 여기 당신이 곁에 있으니, 그들은 더 이상 외롭지 않을 거예요. (헬렌은 눈에 띄게 긴장을 푼다.)

IFS에서 우리는 치료가 수치감을 불어넣는 관리자들뿐만 아니라 부끄러운 줄 모르는 소방관과 수치감을 느끼는 추방자들을 위한 수용적이고 안전한 그릇이 되는 것을 목표로 합니다. 관리자의 두려움은 그들이 과거의 경험으로 알게 된 것에 근거하므로 완전히 타당한 것입니다. 우리는 내담자의 참자아가 소방관 팀(그들 역시 선한 의도를 가지고 있음)이 더 책임감 있게 행동할 수 있도록 도울 수 있다는 것을 관리자들에게 확신시켜줍니다. 헬렌은 자신의 수면 부족에 대해 불안감을 느끼며, 시리얼을 먹고 담배 피우는 부분을 공격하고 있었던 비판자들과 완전히 섞여 있는 상태로 이 회기를 시작하였습니다. 비록 헬렌은 많은 약물을 사용하는 일단의 주말 전사들에 대해 말하였지만, 그녀의 관리자들은 달갑지 않은 야간 방문객들로 인해 그녀의 업무 성과에 미치는 영향을 가장 두려워하였습니다. 우리는 내담자의 우선순위를 존중합니다. 헬렌이 초기의 염려에서 벗어나 안도감을 느끼면서 고통스러웠던 어릴 적 문제에 좀 더 직접적으로 집중할 수 있게 되었고, 마침내 주말 활동에 대해서도 다룰 수 있게 되었습니다.

추방자가 먼저 이야기를 꺼낼 경우

마지막으로, 내담자가 추방된 부분과 섞인 상태에서 치료에 참여할 때도 있습니다. 내담자가 무너지거나 거의 무너질 상태에 있으면 내담자가 추방자와 섞여 있거나 추방자와 곧 섞이게 되는 위험이 코앞에 다가온 상태임을 알 수 있습니다. 그러한 내담자들은 얼굴이 일그러지거나, 위축되어 있고, 눈물을 흘리거나, 압도당해 있거나 해리된 모습(섞여 있는 추방자에 대응하는 소방관)을 보일 수 있습니다. 이러한 상황에서 치료사의 보호자들이 지나치게 기능하거나 내담자와 거리를 두려고 하면, 치료사는 자신의 보호적인 부분들을 먼저 한걸음 뒤로 물러서도록 할 필요가 있습니다. 그래야만 치료사가 내담자의 보호자들이 분리되도록 도울 수 있으며, 따라서 내담자의 참자아는 자유롭게 되어, 추방자의 공황 상태에 대해 긍휼의 마음으로 추방자를 따뜻이 맞을 수 있게 됩니다. 이러한 참자아-부분의 연결을 촉진시키기 위해 치료사는 내담자가 무슨 이야기를 전달하고 있는지 되돌아봅니다. 치료사는 또한 내담자를 잠시 멈추게 하고는, 내담자가 호흡을 가다듬고 자신의 부분들이 한 주 동안 얼마나 많은 것들을 붙들고 있었는지 충분히 이해해보라고 하면서, 분리하기를 시작할 수도 있습니다. 이 단계는 짧게나마 참자아의 관찰 시각을 갖도록 해줍니다.

예를 들어, 27세의 이탈리아계 미국인이고, 독신이며, 시스젠더 이성애자 여성인 루나는 범불안 장애, 우울증, 외상 후 스트레스 장애를 치료하기 위해 처음으로 내방했습니다. 그녀가 매우 불안한 상태로 20번째 회기에 도착해서는, 어느 순간 의자에 앉아 몸을 웅크리고 흐느끼면서 거의 말을 하지 못하였습니다.

추방자와 작업하기

치료사 : 루나 씨, 이 부분과 직접 얘기해볼게요. 화가 난 부분과 이야기하고 싶어요. 준비가 되었나요?

루나의 추방자 : (한동안 말이 없다가 작은 목소리로 말한다.) 네.

치료사 : 어서 오세요. 환영해요. 정말이에요. 당신(추방자)은 혹시 다른 부분을 보호하고 있나요? (루나는 고개를 저으며 아니라고 한다.) 도와드릴까요? (그녀는 고개를 끄덕인다.) 좋아요. 우리는 당신을 돕고 싶으니까요. 확실한 도움을 얻기 위해서는 당신이 어떤 일을 해야 하는지 설명드릴게요. 괜찮겠지요? (루나는 고개를 끄덕인다.) 당신에게는 당신을 숨겨주는 부분들이 있기도 하지만, 루나는 또한 당신을 도와줄 수 있는 (부분이 아닌) 참자아가 있어요. 루나의 참자아는 당신을 숨겨주는 부분들과 대화할 수 있지요. 그들의 허락을 얻는다면, 그녀는 당신을 도울 수 있어요. 그동안에 우리는 당신을 안전한 곳으로

안내할 게요. 괜찮겠어요?

> 우리는 내담자가 참자아를 자신들만의 방식으로 이해할 수 있도록 문을 열어 두면서 내담자의 참자아와 부분들 사이의 중요한 차이점을 강조한다.

루나의 추방자 : (그녀는 작은 목소리로 계속한다.) 네.

> 협력하는 것이 유익하다는 것을 깨닫고는 추방자가 분리하기에 동의한다.

치료사　　　: 네 좋아요. 어디로 가고 싶으신가요?

루나의 추방자 : 폭포요.

치료사　　　: 좋아요. 폭포로 가도록 하시죠. 거기서 필요한 게 있나요?

루나의 추방자 : 제 애완견이요.

치료사　　　: 물론이죠. 애완견을 데리고 오세요. 이제 저는 루나와 이야기를 할게요. 루나 씨, 준비되었나요?

루나　　　: 네.

치료사　　　: 다른 부분들은 어떻게 반응하고 있나요?

루나　　　: 좋아해요.

치료사　　　: 염려 사항이 있나요?

루나　　　: 만약 화난 부분이 다시 압도당하게 되면 어떡하지요?

치료사　　　: 당신이 그녀를 도와도 된다는 허락을 얻을 때까지 그녀가 폭포 곁에 머물 수 있도록 우리가 도울 거예요.

루나　　　: 네, 알겠어요.

이 예화가 보여주듯이, 추방자가 너무 일찍 섞이는 경우 우리는 그를 안심시키고, 계획을 설명하며, 그의 협조를 얻는 것을 목표로 합니다. 협조하는 것이 결국 도움을 받게 된다는 것을 추방자가 이해하기만 한다면 이것이 하기 힘든 일은 아닙니다. 그런 다음, 보호자들이 동의하고 있는지 체크하는 것이 중요합니다.

제4장

치료

치료사 역할 : 연결 및 협력

IFS에서 우리의 가장 근본이 되는 가정은 모든 사람에게 손상되지 않고 강하며 명료하고 평온한 본질과 함께 독자적인 자유 의지(agency)를 가지고 기능할 수 있는 능력이 있다는 것입니다. 그 결과, 우리에게는 달래며 주의력을 분산시키는 내담자의 방법을 포함하여, 내담자로부터 어떠한 보호도 빼앗을 권리도 없고 권한도 없습니다. IFS에서 우리는 내담자를 통제하려고 하지도 않고 판단하지도 않습니다. 우리는 내담자로 하여금 통제하며 판단하는 그들의 관리자와 연결되도록 도와줍니다. 우리는 또한 슬픔과 두려움으로부터 주의력을 분산시키고 있는 소방관들과도 논쟁하지 않습니다. 왜냐하면 그렇게 해본들 추방된 고통이라는 주요 문제로부터 주의력이 더 많이 분산되기 때문입니다.

동일한 논리로, 치료의 결과를 결정하는 것은 우리의 책임이 아닙니다. 우리는 내담자들이 참자아 리더십과 자기 신뢰에 접근하지 못하고 있다고 가정하기는 하지만, 우리는 또한 내담자들에게는 여전히 자신에 대한 긍휼의 마음과 자기 통치 능력이 있다고 믿습니다. 우리는 내담자들이 그것을 찾고 발전시키도록 도와줄 뿐입니다. 이를 위해 우리의 첫 번째이자 지속적인 목표는 혼돈에서 질서를 창조하는 것입니다. 우리는 지금의 모습 그대로의 (일반적으로 내면 갈등으로 인해 스트레스를 받으며 압도당하고 있는) 내담자를 환영하며, 참자아-부분의 연결을 구축하는 한가지 방법으로 내담자가 자신들의 부분들을 식별하고, 그들의 역할을 이해하며, 그들이 어떻게 팀을 구성하는지 볼 수 있도록 도와줍니다. 참자아가 이끌어가면서, 내담자는 부분 행동 뒤에 숨은 의도를 알게 되고, 장차 대안적인 행동을 기꺼이 시도할 수 있게 됩니다. 대부분의 치료와 마찬가지로, 이 작업은 시간이 걸립니다.

내담자의 고통과 혼란이 깊어질수록 치료는 더 길고 더 강렬해지며, 치료자의 시스템은 더 많은 압박을 받게 됩니다. 중독 프로세스는, 판단하고, 돌보며, 공포감을 느끼기 쉬운 치료사의 관리자 부분들에게 스트레스가 된다는 것이 독특한 점입니다. 내담자의 불안, 혼란 및 위험을 무릅쓰는 행동은 주변의 모든 사람, 특히 책임감 있는 관리자들을 가지고 있는 치료사들의 자원을 끌어들입니다. 치료사의 관리자 부분들 입장에서는, 지시를 받아 뛰어드는 데 드는 에너지보다 도움을 요청하는 손길을 거절하는 데 에너지가 더 많이 들 수 있습니다. 하지만 그 같은 충동에 굴복하면 거의 효과를 가져올 수 없습니다. 치료 개입이 필요한 급박한 위기 상황이 아니라면, 정기적으로 내담자의 손에서 의사 결정의 상당 부분을 빼앗을 때 (많은 치료 센터에서 이런 일이 발생한다) 역효과를 낳을 수밖에 없습니다. 우리는 우리 자신의 보호자들의 말에 귀를 기울이고, 필요할 때 우리의 추방자들을 도와주고 감독해줌으로써, 돌보며 비판적이고 통제하는 우리의 부분들이 섞여 내담자의 관리자들 편을 드는 것을 미연에 방지할 수 있습니다(Redfern, 2022).

우리가 내담자들에 대해 무력감과 큰 실망감을 느낄 때, 우리는 내담자들의 고통으로부터 벗어나거나, 그들의 거짓말을 처벌하거나, 그들의 분노를 비켜가기 원하는 우리의 소방관들과 섞이게 될 수도 있습니다. 비록 내담자가 자신에게 손상을 가하고 다른 사람에게 상처를 주고 있을 때 우리 소방관들이 이런 식으로 대응하는 것은 당연하지만, 우리는 여전히 소방관들이 치료를 앞질러 나아가는 것을 막아야 합니다. 우리는 이 목표를 염두에 두고 우리 내면을 재빨리 체크하고, 반응적인 부분들을 확인하고, 그 부분들의 감정을 정상화시키며, 그들에게 우리를 믿어달라고 요청합니다. 우리는 내담자에게 일시중지 버튼을 누르고 생각을 정리해 보아야겠다고 큰 소리로 말할 수도 있습니다. 만약 그것이 가능하지 않을 경우, 우리는 투명하게, 우리 부분들 중의 하나가 내담자 부분들 중의 하나에 반응하고 있다는 것을 내담자에게 알리고 우리의 부분의 이름을 짓습니다.

때때로 우리의 추방자들이 악화되기도 합니다. 우리는 추방자들이 무능함을 두려워하고 수치심으로 가득하여 공포에 휩싸여 있는 것을 봅니다. 우리는 내담자와 회기 중에 우리의 추방자들을 대변할 수도 있지만 — 예를 들어, 판단하는 보호자에 대해 사과하는 과정에서 추방자들의 이름을 부르는 등 — 우리는 일반적으로 회기가 끝난 후 우리의 취약한 부분들을 도와줍니다. 우리가 정기적으로 우리의 추방자들을 위해 시간을 내는 경우, 그들은 자신들이 도움을 필요로 할 때, 기꺼이 분리된 상태를 유지하며 조금 더 기다릴 수 있게 됩니다.

그렇긴 하지만, 스트레스를 받아 균형을 잃은 시스템과 긴밀히 작업하면 심지어 가장 침착한 임상가도 추방자와 보호자가 활성화될 수 있습니다. 우리의 보호자들이 활성화할 필요성을 느낄 때, 우리는 취약한 부분들로 향합니다. 우리의 추방자들은 어떤 영향을 받았는가? 그들이 안도감을 얻기 위해 지금 당장 필요한 것은 무엇인가? 우리가 모든 추방자들의 짐을 내려놓을 수 있든 그렇지 못하든, 우리는 열린 가슴으로 긍휼의 마음을 느끼며 우리의 보호자들과 협상하고, 우리의 추방자들을 목격하며, 그들이 짐을 내려놓을 때 함께함으로써, 그들이 안도감을 느끼는 경험을 가질 필요가 있습니다. 이를 통해 우리가 내담자들의 소방관들과 친해지며 그들의 선한 의도에 귀를 기울일 수 있는 용기를 얻게 됩니다.

치료사의 내면에서 일어난 부분들의 장악을 인지하지 못하게 되면, 비록 그것이 짧은 기간이더라도, 부정적인 영향을 미치게 됩니다. 많은 내담자들에게는 경계하는 부분 탐지기가 있어 치료사의 부분들을 쉽게 감지할 수 있습니다. 우리는 모든 관계 파열(relationship rupture)에서 우리의 역할을 인정하고, 내담자의 피드백을 언제든지 기쁘게 수용하며, 우리의 행동을 받아들이는 쪽에서 어떤 느낌이었는지 이야기해달라고 요청함으로써 책임을 지는 것입니다. 우리는 우리의 부분들을 대변하고 그 부분들을 돌보겠다고 약속함으로써 치료 관계를 복구하고 그의 안전을 지키게 됩니다.

우리는 또한 우리가 말한 것을 실천하는 본을 보여야 합니다. 내담자의 보호자는 치료사가 자기 편이라는 것을 알 필요가 있습니다. 이 점에서 사과는 강력한 치료 개입이 될 수 있습니다. 우리나 내담자들이 보호자와 추방자를 갖고 있다는 것이 부끄러운 일은 아닙니다. 불교 스승인 페마 초드론(2007)은 다음과 같이 쓰고 있습니다. "긍휼의 마음은 치유자와 상처받은 자 간의 관계가 아닙니다. 동등한 사람들 간의 관계입니다. 우리는 우리 자신의 어두움을 잘 알아야 다른 사람들의 어두움과 함께할 수 있습니다. 긍휼의 마음은 우리가 인간성을 공유하고 있다는 사실을 인식할 때 현실이 됩니다"(50쪽).

일반적인 치료사 관리자

- **통제** : 그건 없애야 해요! (음식, 약물, 전화번호 등)

- **돌봄** : 제가 그 기관에 연락해 줄게요.

- **판단** : 지금쯤 최소한 그 정도는 알고 있어야지요.

- **비판** : 와. 그건 큰 실수였네요! 이번엔 정말 멍청한 짓을 했군요.

- **과도한 책임감** : 이 내담자가 나아지지 않는 것은 내 잘못이야. 더 열심히 해야겠어.

- **완벽주의** : 그 정도도 괜찮기는 하지만, 더 나을 수도 있었을 텐데.

일반적인 치료사 소방관

- **분노** : 이 내담자는 심지어 내 말에 귀를 기울이지도 않아! 내 시간만 낭비하고 있어.

- **주의력 분산** : 오늘은 당신의 직장 상황에만 초점을 맞추시지요.

- **결탁** : 네, 그게 그렇게 큰 문제는 아니에요.

- **탈출** : 죄송하지만, 약속을 취소해야겠어요.

- **달램** : 오늘 저녁, 나는 (술을 몇 잔 마시거나, 취하거나, 아이스크림을 먹거나, TV를 보거나, 소셜 미디어에서 시간을 보내는 등) _____ 해야겠어.

- **해리** : 다시 한 번 말씀해주시겠어요?

일반적인 치료사 추방자

- **무망감** : 이 내담자는 절대 변하지 않을 거야.

- **부끄러움** : 내 힘으로는 부족해. 난 절대 바로잡지 못하겠어!

- **죄책감** : 난 형편없는 사람이야. 감정이입이 되질 않아.

- **지나친 동일시** : 당신은 저하고 비슷하네요.

- **압도당함** : 어디서부터 시작해야 할지 모르겠네요.

- **슬픔** : 이 이야기는 내 어릴 적을 생각나게 하는군요 — 너무 슬퍼요!

세 부류의 부분들을 알아가기

중독 프로세스에 대한 IFS 접근법을 배우고 있는 치료사들은 서로 다른 관심과 욕구를 가지고 있는 세 부류의 부분들을 만나게 됩니다. 이 연습에서는 당신이 각 부류의 부분들을 인식하고 그들에게 나아가 보도록 초대합니다. 한 번에 세 부분에 대한 연습을 모두 할 수도 있지만, 그것이 어렵다고 느끼면, 더 천천히 진행하여 각 세 부분에 대한 연습을 서로 다른 시간에 해도 됩니다. 이 연습 내용을 끝까지 읽고 나서, 어떻게 진행할지 결정하도록 합니다. 함께 이야기할 사람이 있는 것이 도움이 될 것 같다면, 동료에게 함께 연습을 하자고 하거나, 당신이 일단 끝내고 난 후, 체크인을 해줄 수 있냐고 물어보도록 합니다.

다음은 세 부류의 부분들입니다.

- 새로운 치료 개입 방법을 배우고 내담자에게 다가가기 위한 새로운 아이디어를 얻는 것을 목표로 하는 치료사 부분들.

- 다양한 중독 프로세스로 고통받는 당신 가족이나 사랑하는 사람들에게 초점을 맞추는 부분들.

- 과거든 현재든 내면적으로, 당신 자신의 중독 프로세스에 초점을 맞추는 부분들. (만약 중독 프로세스 수준에 도달할 정도의 개인적인 몸부림이 있었는지 생각나지 않는다면, 어느 정도의 내면 갈등을 야기하는 어떤 활동을 생각해보기 바랍니다. 예를 들어, 어떤 한 부분은 특정 활동을 좋아하나 또 다른 부분은 중단하기를 원하는 경우입니다.)

이 세 부류의 부분들을 알아갈 준비를 합니다. 먼저, 자신을 찾는 시간을 갖고 편안히 앉은 자세를 취하며, 긴장을 늦춥니다. 괜찮다면 눈을 감고 심호흡을 몇 번 합니다. 숨을 충분히 깊게 쉬고, 들숨이 등을 따라 끝까지 내려가도록 하며, 의자나 마루 바닥이 당신을 지지하고 있는 것을 느껴보도록 합니다. 그리고 천천히 숨을 내쉽니다. 몇 번 반복합니다.

그 다음에, 당신의 치료사 부분들, 즉 내담자에 대한 새로운 아이디어를 갖기 원하는 치료사 부분을 따뜻이 맞이합니다. 그들은 중독 프로세스에 대해 어떤 것을 알고 싶어합니까? 그들의 장점은 무엇입니까? 그들이 힘들어하는 것은 무엇입니까? 그들은 오늘 어떤 특정 내담자들에 대한 생각으로 가득 차 있습니까? 그들은 중독 프로세스를 겪고 있는 어떤 내담자들을 과거에서부터 당신 가슴에 품고 있습니까? 그들은 어느 특정 내담자들에게 반응합니까 혹은 그들과 연결하기 힘들어합니까? 이 부분들에게 귀를 기울입니다. 준비가 되면, 그들의 대답을 적어 놓습니다. 이제 그들을 향하여 어떤 기분이 듭니까? 그들에게 당신은 계속 귀를 기울이고 있었다고 말해줍니다. 그들이 해준 이야기에 대해 감사를 표합니다. 그들이 당신과 계속 관계를 유지할 수 있다는 것을 이야기해줍니다.

_____

_____

_____

_____

_____

_____

_____

이제, 과거에 중독 프로세스로 어려움을 겪었거나 지금 어려움을 겪고 있는 가족이나 사랑하는 사람들에게 초점을 맞추는 부분들에게로 향합니다. 그들이 품고 있는 이미지나 기억에 주목합니다. 원한다면, 각 가족 구성원이나 사랑하는 사람의 이름을 적습니다. 당신의 부분들은 당신에게 이 사람에 대해 무엇을 이야기해주고 싶어합니까? 그들은 이 사람에게서 어떤 영향을 받았습니까? 당신과 이 사람과의 관계가 조금이라도 바뀌었습니까? (즉, 나아졌습니까 아니면 악화되었습니까?) 만약 그렇다면, 무슨 일이 일어났습니까?

시간을 내어, 언급한 각 사람들에 대해 당신의 부분들이 품고 있는 바를 기록합니다. 이제 이 부분들은 기분이 어떻습니까? 조심스럽게 귀를 기울입니다. 그들은 당신이 곁에 있는 것을 알아채고 있습니까? 그들은 당신이 이 매뉴얼에서 무엇을 배웠으면 합니까? 그들이

해준 이야기에 대해 감사를 표합니다. 그들이 당신과 계속 관계를 유지할 수 있다는 것을
이야기해줍니다.

_____

_____

_____

_____

_____

_____

_____

마지막으로, 당신이 준비가 되면, 당신에게 위안을 가져다주는 중독 프로세스를 촉진시
키는 부분들을 초대합니다. 당신은 그들에 대해 어떤 것을 감지하였습니까? 그들을 향해
어떤 느낌이 드십니까? 그들을 향해 반응하는 또 다른 부분이 감지됩니까? 만약 그렇다
면, 그 반응하는 부분들에게 한발짝 뒤로 물러나 당신을 신뢰해보라고 합니다. 그들은 어
떻게 돕고자 애써왔습니까? 오늘 중독 부분들이 당신에게서 필요한 것은 어떤 것입니까?
그들은 당신이 이 매뉴얼에서 어떤 것을 이해하거나 배우기를 원합니까? 시간을 갖고 그
들의 답을 기록하며 그들이 해준 이야기에 대해 감사를 표합니다. 그들이 당신과 계속해
서 관계를 유지할 수 있다는 것을 이야기해줍니다.

_____

_____

_____

_____

_____

_____

_____

우리의 의제

IFS에서, 우리는 우리가 계획한 변화를 이루어 내고자 하는 의제를 가지고 중독 시스템의 보호자들에게 덤벼들지 않습니다. 이러한 입장은 다음과 같은 두 가지 이유에서 직관에 반하는 느낌을 주거나 심지어 노골적으로 비윤리적인 느낌을 줄 수 있습니다. 첫째로, 중독 부분들로 인해 기능 장애가 초래된 사람들은 자신들뿐만 아니라 다른 사람들까지도 짜증나게 하고 걱정하게 만들고, 둘째로 치료사들은 내담자들의 변화를 추구하도록 훈련받으며 그 후에도 계속해서 그렇게 해야 하기 때문입니다. 하지만 극단적인 보호자들에 대해서는 시스템적으로 생각하고, 낙관적인 자세를 가지며, 그들을 참자아와 연결시키고, 그들로 하여금 자신들의 긍정적인 의도를 설명하게 하는 것 외에는 다른 어떤 의제도 갖지 않는 것이 가장 효과적입니다. 이렇게 하기 위해서는 우리의 관리자들이 긴장을 늦추어야 합니다. 우리는 우리 스스로가 호기심과 긍휼의 마음을 가짐으로써 내담자들이 호기심과 긍휼의 마음을 가질 수 있도록 도울 수 있어야 합니다. 이것이 바로 우리가 말하는 참자아의 이끎을 받는 것입니다.

이러한 지식이 치료 전 과정을 통해 우리가 참자아의 이끎을 받는 상태를 유지하도록 도와줍니다. 우리는 추방된 감정과 기억이 내담자의 중독 프로세스와 연결되어 있다는 것을 압니다. 그리고 일단 우리가 내담자를 알아가게 되면, 비록 내담자가 처음에는 그 관련성을 인식하지 못하더라도 우리는 내담자가 그 상황에서 왜 그들의 보호자가 활동하는지 이해하게 됩니다. 우리는 또한 내면비판자들이 중독 시스템에서 열심히 일한다는 것을 알고 있습니다. 그 때문에 다른 부분들에 비판적인 부분들이나, 다른 사람을 비난하는 부분들에 대해 호기심을 갖게 됩니다. 내담자들이 이러한 연결(즉, 그들의 추방자, 내면비판자, 보호자가 중독 프로세스를 구성하고 있음)을 이해할 수 있도록 돕기 위해, 우리는 내담자들이 속도를 늦추고, 그들의 주의를 내면으로 돌리며, 그들이 중독 충동에 굴복하기 며칠 또는 몇 시간 전에 어떤 일이 일어났는지 주목하고, 그들이 지금 이 순간 어떤 것을 느끼는지 알아보라고 안내합니다. 우리는 내담자들의 궁핍한 부분들이 절박하며 버려진 느낌을 갖고 있기 때문에 내적인 문제가 개선되고 나서야 내담자는 어떤 새로운 행동도 시도하게 된다는 것을 압니다. 따라서 우리는 증상이 아닌 시스템으로 치료를 하는 것입니다.

중독 양극성

당신이 중독 프로세스에 관여하고 있는 내담자들을 대할 때는 다음을 명심하도록 합니다. 양극화된 보호자 팀은 중독 프로세스에서 보통 있는 일이며, 이 팀들은 매우 서로 다른 관점을 가지고 있습니다. 관리자들에게 있어서, 강박적인 행동에 관여하는 것은 자발적으로 익사하는 것과 같습니다. 소방관들에게 있어서, 금욕은 물이 불어날 때, 구명조끼를 던져버리는 것과 같습니다. 결과적으로, 당신이 누구(관리자 혹은 소방관)와 이야기하고 있는지 고려하는 것이 좋습니다. 만약 당신이 한쪽 이야기만 듣고 있다면, 당신은 틀림없이 다른 쪽이 존재하며 언젠가는 발언권을 갖게 된다는 것을 알게 될 것입니다. 양극화된 갈등이 심화되는 것을 피하기 위해서는 약물의 사용, 약물 사용의 중단, 심지어 평가 인터뷰나 첫 번째 회기에 모습을 드러내는 것에 대해 내담자가 오랫동안 서로 다른 견해로 골머리를 앓아왔다고 가정하고 한쪽 편드는 것을 피하는 것이 좋습니다.

내담자가 아무 생각없이 모순된 말을 하고 있어서 — 예를 들어, "나는 술을 끊어야 해!" 그리고 "왜 모두들 퇴근 후에 내가 하는 일에 대해 그렇게 초조해하는 거야?"라고 말하는 등 — 당신이 혼란스럽다면, 당신은 실시간으로 두 팀 간의 논쟁에 귀를 기울이고 있다는 뜻입니다. 이 경우 최선의 선택은 경기를 중단시키는 것입니다. "술을 끊고 싶어하는 부분의 목소리가 들려요… 지금은 술을 끊고 싶어하지 않는 부분의 목소리가 들리네요." 가볍고 정중한 톤으로 당신의 비판단적인 관심을 보이면, 가장 관계를 맺기 어려운 소방관들에게도 그들의 부정적인 예상이 틀렸음을 입증할 수도 있다는 신호를 보내게 됩니다.

만약 내담자가 치료를 받아야 하는 것에 불평하면서 치료를 시작한다면, 아마도 그들의 삶에서 누군가가 그들에게 치료를 받으라고 강요했고 당신은 소방관의 불평을 듣고 있는 것입니다 (아내가 압박하여 치료를 받도록 하였던 로저의 사례에서 설명하였듯이). 이 경우 말을 그대로 되받고, 자신들의 습관에 한마디 하는 다른 사람들에 대해 갖는 그 부분의 짜증스런 감정을 확인합니다. 그리고는 다음과 같은 반대되는 견해를 들어보라고 권하면서 내담자들이 자신들의 관리자 팀을 감지할 수 있도록 안내합니다. "다른 사람들이 당신이 약물 사용하는 것에 대해 우려하고 있군요. 당신은 다음과 비슷한 말을 자신에게 한 적이 있나요? 약을 줄여야겠어. 아침에 일어나면 머리가 너무 무거워. 매일 메스꺼운 느낌이 드는 것도 지쳤어." 혹은 "상황이 더 나빠지고 있는 것이 걱정이 돼." 로저에서 설명한 것처럼, 당신이 이 질문을 몇 번 반복해야 비로소 내담자가 약물 사용에 대한 관리자적 관점을 갖고 있다는 것을 인정할 수도 있습니다. 하지만 일단 내담자가 인정하면, 당신은 그 양극성을 이해하기 쉬운 말로 설명하고 내담자로 하여금 두 팀을 테이블로 불러 내담자의 참자아와 대화하도록 안내합니다.

반면에, 내담자가 자신의 약물 사용 수준(또는 약물 사용으로 인한 특정 결과)에 대해 걱정하며, 제 발로 치료를 받고자 내방하는 경우, 당신은 관리자와 이야기를 나누며 표준 IFS 접근법을 사용하면 됩니다. "음주를 줄이고자 하여 치료를 받으러 왔지만, 양가감정을 느끼고 계시는군요. 한 부분은 줄이고 싶어하지만, 다른 부분은 하루 일을 마치고 한 잔 하고 싶어합니다. 맞나요? 그 두 부분의 양쪽 이야기를 들어보도록 하지요. 반대하는 이가 있나요?" 이 시점부터는 양극성을 탐색하고, 다음의 기법을 사용하여 양극화된 보호자들이 동시에 분리되도록 돕습니다.

중독 양극성을 식별하기

다음은 중독 양극성을 분석하기 위해 취해야 할 단계를 요약한 것입니다.

- 내담자가 어떤 것이 달라졌으면 하고 바라는 것에 대해 논의하자고 제안하는 것으로 시작합니다. 그들이 행동의 변화, 수정 또는 새로운 비전을 찾고 있습니까?

- 내담자가 자신과 다른 사람들에 대해 어떻게 묘사하는지 자세히 귀를 기울입니다. 만약 그들이 관리자와 섞여 있으면, 비판하며 불안해하는 소리가 들리며, 변화를 계속 요구할 것입니다. 소방관과 섞여 있으면, 자신들의 약물 사용이나 강박적인 행동을 옹호하고 위험을 일축할 것입니다. 추방자와 섞여 있으면, 절망하며 어찌할 바를 모르고, 부끄러워하는 소리가 들릴 것입니다.

- 당신의 어떤 부분이 이 같은 이야기에 두려움이나 판단 또는 보살펴주고 싶은 충동으로 반응하는지 감지합니다. 그리고 이 부분들에게 분리되어 달라고 요청합니다.

- 내담자에게 각 부분들이 세 가지 범주 중 어느 하나에 해당하는 역할을 한다고 설명하고, 그것들의 역할을 분명히 보여줄 수 있도록 당신이 듣고 있는 것을 부분 언어로 표현해도 괜찮겠는지 허락을 구합니다.

- 내담자에게 각 부분을 시각화하고 식별해보라고 요청합니다. 등장한 부분들의 목록을 만들고 내담자에게 그것들을 두 팀으로 나누어 별도의 공간에 있는 모습을 머리 속에 그려보라고 요청합니다.

- 양측이 모두 고착되어 갇혀 있다고 느끼고, 그들의 어떤 행동들은 위험하며, 결과가 발생하고 있다는 것을 인정합니다.

- 각 팀의 긍정적인 의도를 파악하고, 두 팀 모두 서로를 적으로 보고 있다는 사실에도 불구하고 돕고자 애쓰고 있음을 강조합니다. 두 팀 모두 시스템의 균형을 유지하려고 애쓰고 있습니다. 그들의 양극성을 정상화시킵니다.

- 각 팀은 보기보다 복잡하다는 사실을 분명히 합니다. 그들이 서로를 새로운 방식으로 보도록 초대합니다.

- 이 새로운 관점이 어떻게 내담자에게 받아들여지는지 체크합니다.

- 추방된 부분들을 돌봄으로써 두 팀이 모든 이들을 도울 수 있는 참자아에게 연결되도록 초대합니다.

- 다음과 같이 희망을 제공합니다 : 변명의 여지는 전혀 없지만 이유는 항상 있습니다. 그래서 우리는 그 이유를 다루면 됩니다.

양극화된 시스템을 위한 삼각형 지도 그리기

일단 당신이 내담자의 중독 양극성을 식별하면, 그것을 삼각형에 표시합니다. 그러면 내담자들은 자신의 추방자들과 보호자들이 어떻게 상호작용하는지 볼 수 있게 됩니다. 내담자에게 역삼각형을 그리도록 요청하는 것으로 시작합니다. 왼쪽 맨 위에 관리자, 오른쪽 맨 위에 소방관이라고 표시를 합니다. 맨 아래에는 추방자를 배치합니다.

그러고 나서 내담자의 주의를 내면으로 향하도록 하고 관리자들에게 주목하도록 요청합니다. 이 부분들을 삼각형의 관리자 꼭지점에 나열합니다. 다음으로, 다시 한번 내담자의 주의를 내면으로 향하도록 하고 소방관들에게 주목하게 합니다. 이 부분들을 삼각형의 소방관 꼭지점에 나열합니다. 마지막으로, 연습하는 중에 올라오는 추방자들을 감지하고 이 부분들을 삼각형 맨 아래에 나열하도록 합니다. (내담자는 부분들을 글로 적는 대신, 부분들을 그리거나 모래상자 장난감, IFS 학습용 카드, 잡지에서 오려낸 그림 등을 사용하여 부분들을 표현할 수도 있습니다.)

일단 내담자가 자신의 모든 부분들에 대한 목록 작성을 끝내면, 보호하는 팀과 추방자 모두의 의도와 두려움을 적도록 합니다. 특히 동맹을 맺고 있는 부분들 사이는 실선으로, 어떤 부분들이 갈등을 빚고 있는지를 보여주기 위해서는 점선으로 그릴 수도 있습니다. 삼각형 그리기가 완료되면 당신은 내담자에게 다음과 같은 몇 가지 질문을 할 수 있습니다.

- 지금 무엇을 관찰하고 있습니까?

- 지금 어떤 느낌이 듭니까?

- 어떤 부분-대-부분의 관계가 두드러집니까?

- 어떤 부분들이 가장 양극화되어 있습니까?

- 추방자를 향하여 어떤 느낌이 듭니까?

- 이 모든 부분들을 전에 만난 적이 있습니까?

- 어떤 부분(또는 양극성)이 먼저 당신의 관심을 받고자 합니까?

- 이 부분(초점을 맞출 특정한 부분 하나를 선택한다)은 당신에게서 어떤 것을 원합니까?

이 프로세스가 완료되면, 등장했던 부분들에게 감사를 표하고, 그 삼각형을 나중 회기를 위해서 보관합니다. 만약 내담자가 원한다면, 그것을 집으로 가져가 부분들을 추가하도록 하거나, 지금까지 알고 있었던 부분들의 동기에 대한 세부사항을 계속 추가하도록 합니다.

양극화된 부분들을 동시에 분리하도록 도와주는 전략

보호자들이 극도로 대립하여 서로를 신뢰할 수 없을 때, 우리는 그들이 동시에 분리하도록 요청합니다. 여기에 설명된 기법 ─ 즉, 회의 테이블, 양팔 저울, 몸 안에서의 연결 ─ 은 모두 동시 분리를 촉진시켜줍니다.

1. 회의 테이블

회의 테이블은 내담자의 참자아가 모든 부분들, 즉 위험을 감수하는 소방관 팀과 통제하는 관리자 팀, 그리고 추방자들을 따뜻이 맞이하여 테이블에 함께 앉도록 하는 사용자 친화적인 연습입니다. 이 연습은 내담자가 집에서도 떠올릴 수 있어, 되풀이할 수 있는 치료 개입이 됩니다.

먼저 내담자가 커다란 회의 테이블 맨 앞에 앉도록 합니다. 그다음, 보호 팀을 테이블 서로 마주보는 위치에 앉히고, 추방자들은 내담자의 참자아 맞은편 자리, 테이블 발치에 앉힙니다. 모든 이의 자리 배치가 끝나면, 내담자의 참자아가 테이블 맨 앞에 있는지 확인합니다. 그렇지 않다면, 내담자는 자기 대신 앉아 있는 그 부분에게 그들 팀으로 옮기고, 참자아가 그 자리에 앉을 수 있도록 해달라고 할 수 있습니다.

다음으로, 내담자에게 소방관과 관리자 팀의 긍정적인 의도를 확인하도록 안내하고, 그들 하나하나가 필요한 존재임을 분명히 합니다. 그들은 서로를 없애 버리고 싶을 수도 있지만, 참자아는 모든 이들이 참여하도록 합니다. 그들로 하여금 다른 이들에게서 시선을 돌리고, 참자아를 바라보며, 참자아가 그들이 보호하고 있는 추방자들을 도와 해방시킬 것이기 때문에 더 이상 서로에게 도전하거나 서로를 고쳐야 할 필요가 없다는 가능성을 고려해보라고 요청합니다.

그런 다음 누가 먼저 관심을 필요로 하는지 물어봅니다. 표적 부분(또는 팀)이 자원하는 경우, 내담자에게 이 부분(또는 팀)을 향하여 어떤 느낌이 드는지 물어봅니다. 만약 그들이 부정적인 말을 한다면, 그 반응적인 부분이 분리되도록 도와줍니다. 참자아가 두 팀을 모두 다룰 수 있다는 것을 보여주기 위해 셔틀 외교(번갈아 방문하는 외교 활동)를 원활히 해야 할 수도 있습니다. 그런 다음 표적 부분(또는 팀)에 귀를 기울이고, 선한 의도를 확인하고, 그 행위의 장단점을 살펴보고, 새로운 방법을 시도해볼 준비가 되었는지 물어봅니다. 그런 다음, 반대쪽도 동일하게 진행합니다.

마지막으로, 참자아가 이 두 팀이 보호하고 있는 추방자들을 도울 수 있다면 모든 이에게 좋지 않겠는지 물어봅니다. 그들이 동의하면, 내담자에게 지금 몸에서 어떤 것이 감지되는지 물어봅니다. 보호자들이 분리되고 있다면, 내담자는 공간적 여유가 생기는 느낌, 평온한 느낌 혹은 그와 비슷한 느낌이 든다고 할 것입니다. 만약 추방자들이 활성화된다면, 그들을 참자아 곁에 앉도록 초대합니다. 참자아는 전체 시스템을 위해 일하고 있으며 아무도 혼자가 아니라고 모든 이들을 안심시킵니다.[*]

2. 양팔 저울

양팔 저울은 양극화된 보호자들이 동시에 분리되도록 돕는 또 다른 방법입니다. 이 연습을 하기 위해서는 내담자가 손바닥을 위로 향하도록 하게 합니다. 그런 다음 내담자가 눈을 감도록 하고 당신은 이렇게 말합니다. "생각하지 마세요. 한 손에는 한 부분을, 다른 한 손에는 다른 부분을 올려놓으세요. 어느 손이 더 무거운가요?" 그러고 나서 각각의 손에게 "당신의 메시지는 무엇인가요?"라고 물어봅니다. 내담자에게 "지금 이 양극화된 팀들을 향하여 어떤 느낌이 드십니까?"라고 묻는 것으로 끝을 맺습니다.

3. 몸 안에서의 연결

몸 안에서 연결하기는 양극화된 부분들이 동시에 분리되도록 돕는 또 다른 방법입니다. 내담자가 이 연습을 경험케 하려면, 내담자가 서로 갈등 관계에 있는 두 부분(또는 부분들의 팀)을 식별하도록 초대합니다. 즉, 그들은 내담자의 몸 어디에서 모습을 드러냅니까? 그런 다음, 부분들이 내담자를 알아차리는지 물어봅니다. 만약 내담자를 알아

---

[*] 회의 테이블 연습은 리처드 슈워츠의 초기 IFS 공동연구자였던 미치 로즈(Michi Rose)가 개발한 기법을 차용한 것이다.

차리지 못하면 그 부분들이 내담자를 감지할 의향이 있는지 물어봅니다.

일단 의향이 있다면, 어떤 부분이 먼저 관심을 받고자 하는지 묻고, 내담자가 그 부분에게 숨을 불어넣거나, 한줄기 빛을 보내며 다음과 같이 말하도록 안내합니다. "당신은 혼자가 아니에요. 이 부분이 내담자에게 이야기하고 싶어하는 것이 무엇인가요?" 말로 해도 되고, 선호하는 의사소통 방법을 사용해도 괜찮습니다. 두 번째 부분이나 부분들의 팀에게도 동일하게 진행합니다. 몸에는 모든 부분들을 위한 충분한 공간이 있음을 분명히 합니다.

내담자에게 이 양극화된 부분들을 향하여 어떤 느낌이 드는지, 그리고 몸에서 어떤 것이 감지되는지 묻는 것으로 끝을 맺습니다.

양극화된 부분들의 모임을 시각화하는 다른 방법들

어떤 이미지라도 공간과 명료함과 관점을 취할 수 있는 기회를 가져다준다면, 양극화된 보호자들이 분리되도록 도울 수 있습니다. 아래에 몇 가지 아이디어를 예시합니다만, 내담자에게 다른 옵션을 생각해보라고 요청할 수도 있습니다.

- 참자아는 주방 테이블이나 연회 테이블에서 양극화된 보호자들 곁에 앉는다.

- 참자아와 양극화된 보호자들이 캠프파이어 주변에 모인다.

- 참자아는 양극화된 보호자들이 서로 마주 보고 있는 방의 바닥에 앉는다.

- 참자아는 네트나 경기장 서로 맞은편에 모여 있는 양극화된 팀들을 위해 코치나 심판 역할을 한다.

- 참자아는 오케스트라를 지휘하고 양극화된 보호자들은 기악 연주자들이다.

- 참자아는 목장에 있고, 부분들의 각 그룹은 자기들만의 울타리를 갖고 있다.

양극화된 부분들의 외현화 및 의인화

이 연습은 양극화된 부분들의 동기와 감정을 탐구하되, 한 번에 한 부분만을 인터뷰합니다. 당신과 내담자는 한 회기에 두 부분을 다룰 수도 있지만, 때로는 한 부분에만 초점을 맞추는 것이 더 낫습니다. 당신의 직관을 따르도록 합니다.

내담자로 하여금 양극화된 부분들을 별개의 의자에 (또는 한 소파의 서로 다른 위치에) 앉히라고 요청하는 것으로 시작합니다. 내담자에게 한 번에 한 부분만을 체현할 것이라고 이야기해줍니다. 그런 다음, 다른 모든 부분들은 원한다면 긴장을 늦추라고 요청합니다. 만약 그들에게 염려 사항이 있다면, 이러한 염려 사항에 귀를 기울이고 인정함으로써 그들이 기꺼이 한걸음 물러서도록 합니다. 모든 이들이 준비되면 내담자가 한 의자에 앉고 앞서 정했던 부분이 장악하도록 합니다. 그런 다음, 다음의 질문을 가지고 이 부분과 인터뷰를 진행합니다.

- 하는 일이 무엇인가요?

- 왜 이 일을 하나요?

- 만약 그 일을 그만두면 어떤 일이 일어날까요?

- 내담자를 위해 무엇을 원하나요?

- 이 일을 하게 된 것이 몇 살 때였나요?

- 이 일을 하는 기분이 어떤가요?

- 누구를 보호하고 있나요?

- 내담자에게 하고 싶은 이야기가 무엇인가요?

인터뷰 하나를 끝낸 것 같으면, 내담자는 자신의 원래 자리로 되돌아가서 그 경험을 묘사합니다. 내담자가 준비가 되었다면, 혹은 다음 치료 회기에, 반대 입장을 가진 부분에 대해 동일하게 진행합니다. 이 인터뷰를 모두 끝낸 후, 내담자에게 무엇을 배웠는지 물어봅니다. 이제 내담자는 양극화된 부분들을 향하여 어떤 느낌을 갖게 되었습니까?

양극화에 개입하기

소방관들이 활동할 때 치료 제공자들은 소방관들을 문제로 보고 관리자들이 조금씩 뱉어내는 내면 비판을 무시하는 경향이 있습니다. 그러나 IFS에서는 각 부분이 다른 부분들에게 어떻게 영향을 미치는지 매핑을 합니다. 내담자가 해당 패턴을 매핑하는 데 시간이 걸릴 수 있기는 하지만, 내담자는 자신이 이름을 짓는 행동과 감정을 아주 친숙한 듯이 인식하게 됩니다.

양극화 부분들에 개입할 때는, 우리는 보호자들을 몰아가는 것이 무엇인지 명확히 하는 것으로 시작합니다(예를 들면, 주의를 분산시키거나 달래는 행동을 해야 할 필요성인가, 아니면 다양한 환경에서 기능하고 수행해야 할 필요성인가). 이 부분들이 한창 활동하는 상태일 때, 내담자들은 자신들의 극단적인 증오와 충동성으로 인해 혼란과 불안감을 느낄 수 있습니다. 이 점에서, IFS 모델의 두 가지 원칙은 즉시 유용합니다. 첫째, 보호적인 부분들 간의 끊임없는 갈등은 중독 시스템에서 불가피하다는 것이고 둘째, 부분들의 각 팀은 아무리 공격적이더라도 내담자에게 긍정적인 의도를 가지고 있다는 것입니다.

예를 들어, 산티아고는 42세의 라틴계 동성애자이며, 시스젠더인 고등학교 교사로, 자신의 환각제 및 알코올 사용을 비롯하여 그가 위험하다고 생각하는 충동적인 성행위가 점점 증가하는 것도 염려의 대상이었지만, 처음 치료를 받으러 온 것은 가장 중요한 우울감을 극복하기 위함이었습니다. 그는 약 6개월 동안 치료를 받고 있었습니다. 이 회기에서 치료사가 내담자로 하여금 자신의 중독 양극성을 파악하도록 도와주었습니다.

양극성 작업하기

산티아고 : 지난 주말에 또 했어요. 정말 말도 안 돼요. 이상한 녀석들과 아파트에 가면 안 된다는 거 알아요. 하지만 멈출 수가 없어요. 약에 취하면 신경을 쓰지 않아요.

치료사　 : 우선, 솔직하게 이야기를 해주셔서 고마워요. 쉽지 않다는 거 알아요.

산티아고 : 네, 제가 이 문제에 대해 얘기하고 싶어하지 않는다는 것 아시잖아요. 제 말은 나가 어울리는 것도 괜찮아요. 나가서 다른 일을 해야 해요 ─ 고2 영자 신문을 읽는

것 말고. 하지만 지난 토요일에 저는 정말 엉망인 상태였기에 이 녀석과 함께 그
의 집으로 갔어요. 제가 그 짓을 하다니. 정말로 아닌 거예요. 저는 왜 계속 이러는
거지요? 그 녀석은 매력적이었지만 약간은 자만하는 것 같았어요. 자기만 알아
요. 그는 환각제 말고도 술을 많이 마셔서 솔직히 자신의 업무 수행에 영향을 주었
어요.

치료사 : 지금 제가 들은 이야기를 부분 언어로 표현해볼까요?

산티아고 : 네, 그러세요.

치료사 : 먼저, 당신을 당신 생각에서 벗어나게 하고 싶어 달래는 소방관들의 목소리가 들
려요. 그들은 약물에 취하고, 술을 마시며, 성행위를 즐기지요. 그들은 당신이 모
르는 녀석과 함께 낯선 장소에서 곯아떨어지는 것이 위험한지 아닌지 신경 쓰지
않아요. 그들은 위험에 대해 생각하지 않지요. 맞나요? (산티아고는 고개를 끄덕인
다.) 그리고 또 다른, 좀 더 조심스러운 부분들의 목소리가 들려요. 당신의 관리자
팀은 당신의 안전을 걱정하고 있어요. 그들은 얼마나 자주 이런 일이 일어나는지
추적하고 염려하고 있어요. 그렇죠?

산티아고 : 네, 제 말은, 그걸 염려하고 있다는 뜻이에요. 나는 약물과 술로 엉망이 되고 있어
요. 죄송해요. 내 불어 실력이 좋지 않아서, 그런 식으로 밖으로 나가 어울리는 것
이 좋지는 않아요. 실제로 우울하게 만들고 있어요. 아시잖아요. 마치 다음 날 술
이 덜 깬 것 같아요. 또한 전반적으로 말하면 기분이 우울해요. 난 아직 내 곁에
아무도 없어요.

> 산티아고의 관리자 팀이 충분히 속내를 털어놓는다.

치료사 : 그래서 당신은 자신의 기분도 영향을 받고 있다는 것을 알아차리고 있네요. 당신
은 이미 우울감을 느꼈지만, 그날 밤 이후로 상황은 더 악화되었고, 이제 당신에
게는 한층 더 곁에 아무도 없이 혼자라고 느끼는 부분이 있군요. (산티아고는 고개
를 끄덕인다.) 저와 함께 뭔가 해보시겠어요?

산티아고 : 뭔데요?

치료사 : 자신이 테이블에 앉아 있는 모습을 머릿속에 그려보세요. 부엌 식탁도 괜찮아요.
당신이 테이블 맨 앞에 앉아 있어요. (산티아고는 고개를 끄덕인다.) 테이블 한쪽에
서는, 밖으로 나가서, 술과 약물에 정말 취해 성행위를 하고 싶어하는 모든 부분
들이 있어요. 그들이 보일 수도 있고, 그들의 에너지를 감지할 수도 있을 거예요.

산티아고 : 그들이 테이블 한쪽에 서 있는 게 보여요. 안절부절못하며 앉지를 못하고 있어요.

치료사 : 좋아요, 괜찮아요. 하지만 그들에게 잠깐만 그대로 있어 달라고 하세요.

산티아고 : 그들이 그곳에 있겠지만, 오래 있을 것 같지는 않아요.

치료사 : 좋아요, 괜찮아요. 이 행동에 대해 걱정하거나 비판적이라고 느끼는 부분들을 테이블의 맞은편에 앉도록 초대하세요.

산티아고 : 그런 부분들이 많이 있네요.

치료사 : 모두가 앉을 수 있을 만큼 큰 테이블을 준비하고, 당신은 맨 앞에 앉으세요. (산티아고는 고개를 끄덕인다.) 그리고 이제 숨을 고르고 그들이 당신을 주목하는지 보세요. (산티아고는 다시 고개를 끄덕인다.) 그들에게 당신은 양측 모두가 필요하다고 이야기해주세요. 그들 모두가 중요하다고요.

산티아고 : 제멋대로인 부분들이 의심은 많지만, 왔어요. 제 말을 듣고 있어요.

치료사 : 좋아요. 그리고 그 걱정하며 비판적인 부분들에게도 역시 중요한 점이 있다는 것을 이야기해주세요.

산티아고 : 그들도 저를 믿을 수 있는지 확신이 서지 않는대요. 하지만 이 문제에 대해 어느 정도 도움을 받았으면 좋겠어요.

치료사 : 괜찮아요. 신뢰하기까지는 시간이 걸리지요! 그들 모두에게 잠깐 당신을 바라봐 달라고 하세요. 당신은 그들의 신뢰를 얻고 그들을 돕기 위해 여기 있는 거예요. 우리는 그들 모두가 당신에게 선의를 가지고 있다는 것을 알아요. 모든 이들을 수용할 여유가 있어요.

산티아고 : 그들은 자기들 곁에 아무도 없이 혼자 있는 것이 아니다라는 아이디어를 좋아하네요. 그들은 이 모든 것이 어떻게 되어가는지 하나도 알지는 못하지만, 더 평온해졌어요.

치료사 : 좋아요. 그들과 그 평온함을 즐기세요. 당신들이 모두 경청하며 배우려는 의도를 갖고 모이면 일어날 수 있는 일이에요. (산티아고는 고개를 끄덕이며 눈을 감고 조용히 앉아 있다.)

> 치료사는 이러한 참자아-부분의 연결을 촉진시키는 데 초점을 맞추고 있다.

치료사는 산티아고가 두 팀, 즉 달래는 소방관들과 걱정하는 관리자들에 주목하고 그들과 연결되도록 안내하였습니다. 비록 이 개념이 산티아고에게는 생소했고, 그것이 어떤 도움이 될지 아무 기대를 갖지 않았지만, 산티아고는 두 팀과 연결되면서 자신의 부분들이 빠르게 평온해지는 것을 감지하였습니다. 이것은 앞으로 있을 참자아-부분의 연결을 위한 것일 뿐만 아니라 회기 내에서 보강된 결과물이었습니다.

관리자-소방관 양극성을 해소시키기

앞에서 살펴본 바와 같이 관리자와 소방관 부분들은 동일한 시스템 내에서 활동하고 있으며 시스템을 계속하여 기능하도록 만들려는 열망을 공유하고 있습니다. 우리는 그들 중 하나를 선택하는 것이 아니라, 두 팀 모두와 관계를 구축합니다. 비판적인 관리자들이 이해받는 느낌을 갖고 차분해지면서, 사면초가에 몰렸던 소방관들이 어느 정도 안도감을 느끼게 됩니다. 그 반대 방향도 가능합니다. 소방관들이 위험한 행동을 누그러뜨리면서, 통제적이며 신중한 관리자들도 어느 정도 안도하게 됩니다. 이 두 팀이 함께 악화일로를 걸었듯이, 함께 점진적으로 약화되면서, 내면 공동체 의식이 구축됩니다. 예를 들어, 어떤 내담자는 회기가 끝날 때 "나 자신에 대해 이 양극성을 이해하니 기분이 좋네."라고 말할 수도 있습니다. 혹은 내담자가 다음과 같이 말하며 지배적인 관리자를 확인할 수도 있습니다. "내 완벽주의자에게 미안한 느낌이 드네. 그는 지금까지 전혀 쉼이나 충분한 이해를 받지 못하고 있었어." 내담자가 내면에서 따뜻하고 협력적인 참자아-부분의 관계를 발전시킴에 따라 각 보호 팀이 갖고 있는 적응적 의도(adaptive intentions : 자극을 받은 후, 어떤 목표를 향하여 행동하고자 하는 의도)에 대한 이해도 얻게 됩니다.

예를 들어, 테아는 28세의 그리스계 미국인으로, 파트너의 삶을 사는 이성애자이며, 시스젠더 여성으로서 현재 대학원에 재학 중이었습니다. 그녀는 종종 이른 아침부터 와인을 많이 마시고 또한 대마초에 많이 취한다고 하였습니다. 최근에, 그녀는 너무 취해서 가르치기로 되어있었던 수업을 결강하였습니다. 게다가 그녀는 남자친구인 톰과 자주 말다툼을 하고 있었습니다.

양극성 해소시키기

치료사 : 이 모든 것을 말하는 것이 쉽지 않다는 것을 알아요. 술을 마시고 약물에 취하는 것이 지금 정말 걱정이 된다는 이야기로 들려요. 특히나 당신이 결강을 했기 때문에요.

테아의 소방관 : 네, 전 항상 파티를 많이 해왔기에, 그건 괜찮다는 뜻이에요. 누가 뭐라고 하겠어요? 하지만 저는 수업을 빼먹어서 지도교수님께 정말 혼날 것 같아요. 엉망이에요. 내 남자친구도 지금 나를 속이고 있어서 화가 나요. 마치 자기는 마시지 않는 것처럼요. 하지만 저는 괜찮아, 좋다고 생각했어요. 한동안 놔둘 거예요. 전 정말 잘하고 있었는데. 심지어 주말에도요. 그러다가 완전히 취한 거예요.

> 그녀는 소방관과 관리자의 양극성에 대해 양쪽 모두의 입장에서 말하고 있다.

치료사 : 지금 말씀하면서 어떤 부분들이 감지되나요?

테아의 소방관 : 화가 났나 봐요. 왜 내가 그만두지 못하지? 하지만 정말로 저는 다른 사람들처럼 술을 마실 수 있기를 바랄 뿐이에요. 왜 제가 그걸 포기해야 하나요? 저는 남자친구한테 화가 나 있어요. 이제 그는 이것을 포기하지 않을 거예요.

치료사 : 곳곳에서 긴장감이 쌓이는 것 같네요. 우리는 술과 대마초에 대해 논쟁을 하는 당신의 두 팀에 대해 이야기하고 있었어요. 술 마시고 취하며 하고 싶은 것은 무엇이든지 하려는 소방관 팀이 있고, 규칙을 만들고, 당신이 그것을 지키게 하려고 애쓰며, 그만 중단할 때가 되었다고 이야기하는 관리자 팀이 있어요. 그리고 이제는 지도교수님과 남자친구가 관리자 팀 편으로 끼어들고 있는 것 같아요, 맞지요?

테아의 소방관 : 네, 그렇게 요약되네요. 그리고 톰의 잔소리에 넌더리가 나요.

치료사 : 알 만해요. 그가 술도 엄청 많이 마시므로 당신이 억울한 기분이겠어요. 그런데 한 가지 질문이 있어요. 때때로 당신의 어느 한 부분이 은밀히 그의 말에 일리가 있다고 하지는 않나요? 예를 들어, 당신 머릿속에서 '이건 너무 지나친 것 아닌가'라고 말하는 부분이 있나요?

테아의 관리자 : 아… 네, 있어요. 대학원에서 쫓겨나고 싶지 않거든요.

치료사	: 자, 당분간 톰이 하는 말은 잠시 제쳐 두고 당신 부분들에게로 가보지요. 괜찮겠지요? (테아가 고개를 끄덕인다.) 당신의 각 팀은 당신을 위해 무언가 선한 것을 원하고 있어요. 그들은 당신의 시스템에서 역할을 하고 있고 당신을 위한 선한 의도를 가지고 있어요. 내면을 체크하고 그들이 당신을 위해 원하는 것이 어떤 것인지 물어보도록 하지요.(테아가 다시 고개를 끄덕인다.) 먼저 관리자 쪽에 초점을 맞추고 다음과 같이 질문을 하세요. "만약 그들이 원하는 것을 무엇이든지 가질 수 있다면, 만약 그들이 우주를 완전히 통제하고 있다면, 그들은 당신을 위해 어떤 것을 원할까요?"
테아	: 그들은 내가 내 삶을 통제할 수 있기를 바라요. 내가 엉망을 만드는 것을 아주 싫어해요.
치료사	: 관리자들은 당신이 해야 하는 일을 하기를 바라지요? (테아가 고개를 끄덕인다.) 그들에게 당신이 알고 있다고 말해주세요. 그들의 말도 일리는 있지요? 그 소방관 팀이 최근에 엉망을 만들어 놓고 있어요. 당신은 경청하고 있는 중이에요. 당신은 모든 이에게 귀를 기울이는 사람이에요.
테아	: 그들은 그 사실을 깨닫지 못했어요. 그래요! 난 그들과 같은 소방관이 아니지요. 그들이 그 사실을 받아들이고 있네요.
치료사	: 됐어요. 좋아요. 그리고 준비가 되면 술 마시고 취하는 팀과 이야기를 해보세요. (테아가 고개를 끄덕인다.) 그들이 당신을 취하게 만들 때에는, 당신을 어떻게 도와주려고 애쓰고 있는 건가요?
테아	: 그들은 내가 재미있게 놀고, 좀 휴식을 가지기를 원해요. 기분이 좋아지라고!
치료사	: 맞아요. 그들에게 당신이 알고 있다고 말해주세요. 당신은 재미있게 놀 필요가 있어요. 하지만 구체적으로, 당신은 어떤 것에서 벗어나려고 하나요?
테아의 소방관	: 모든 일상, 나의 삶 전체로부터요! 저는 항상 불안해요. 저는 정말로 뒤쳐져 있고 엉망이에요. 그래서 레드 불(강장 음료)을 마시고 밤을 새지만, 정말로 일등을 한 번도 못해 봤어요. 지옥 같아요. 온몸이 쑤시는 것 같아요. 날 도와줄 사람이 아무도 없어요. 난 더 이상 이렇게 못하겠어요. (그녀가 운다.)
치료사	: 소방관 팀은 이 사실을 알고 있어요. 그들은 걱정하는 관리자들이 당신을 밀어붙인다고 보는군요, 그렇지요? 당신이 카페인을 섭취하고 밤을 새우고 있지만, 모든 것을 다 마칠 수는 없잖아요. 관리자들은 가혹하고 비판적이어서, 어떤 부분들은 정말 언짢은 기분이 들어 포기하고 싶어해요. 그래서 소방관 팀은 당신을 그 모든 것으로부터 떼어놓고 있지요, 그렇지요?

테아	: (그녀는 끄덕인다.) 그들은 내 뇌를 쉬게 만들어요.
치료사	: 그 모든 소음과 압박들 — 소방관 팀은 당신을 달래는 안전 밸브예요. 그들이 조금 긴장을 늦추어도 괜찮다는 느낌을 갖기 위해서는 당신에게서 무엇이 필요할까요?
테아	: 그들은 나를 관리자들 중의 하나라고 생각해요. 정말로 나를 알아보지 못하고 있어요.
치료사	: 맞아요, 그들은 단지 몰아붙이는 관리자들만 알고 있을 뿐이에요. 테아 씨, 그들의 생각이 맞는지 확인할 수 있지요? 네, 몰아붙이는 부분들이 많이 있기는 해요. 하지만 당신은 그런 부분들이 아니에요 — 지금 귀를 기울이고 있는 침착한 존재예요.
테아	: 아, 네. 소방관들은 내가 여기 있다는 것을 알고 있어요. 그들은 관리자들이 긴장을 늦추고 '해야 된다'는 압박감을 덜 주도록 만들어야 한다고 하고 있어요. 그들은 내가 밤새도록 일하는 것을 중단하기를 원해요. 그들은 내가 이번 주 토요일에 휴가를 내고 그 연구 보고서 제출 기한을 조금 연장해 달라고 부탁해보라고 하네요. 그들은 내가 기다렸다가 나중에 한 잔 하겠다고 하니 동의하는군요.
치료사	: 이제 관리자들을 체크해보세요. 그들이 긴장을 좀 늦출 수 있나요?
테아	: 그들이 나를 완전히 신뢰하는 것은 아니지만, 이해를 했다고 하네요. 그들은 정말로 피곤해하고 있어요. 휴식이 필요해요. 우리는 함께 이 문제에 대해 작업할 수 있다고 그들에게 이야기해주고 있어요. 그들은 내가 당분간 낮에 술을 마시지 않으면 나아지는지 보겠대요.
치료사	: 테아 씨, 어떤 기분이 드시나요?
테아	: 좀 더 평온해졌어요! 좀 무섭긴 하지만 한번 해볼게요.

이 사례에서 치료사는 테아가 중독 양극성을 구성하는 두 팀을 검증하도록 안내한 다음, 각 팀이 조금씩 긴장을 늦추기로 동의하는 '상처 덜 주기 합의'를 중재하였습니다. 이 휴전은 오래 지속되지 않을 수도 있지만, 테아에게 보호자들의 우려와 충동에 대해 많은 정보를 제공하였습니다. 대화는 아직 그녀의 추방자들 근처에 도달하지는 않았지만, 다음에 이어질 것입니다.

내담자 연습

양극성의 양측 모두를 환영하기

당신의 마음의 눈으로, 큰 테이블의 맨 앞자리에 자리를 잡고 앉습니다. 단순히 멀리서 자신을 바라보는 것이 아니라 당신이 테이블에 자리를 잡고 있는 것을 확인합니다. 그런 다음 당신의 관리자들이 좋아하지 않거나 신뢰하지 않는 소방관 부분(또는 부분들의 한 팀)을 마음속에 떠올립니다. 당신이 가장 힘들어하는 소방관 부분이어야 할 필요는 없습니다. 이 부분(또는 부분들의 한 팀)이 테이블 한쪽에 앉아 있는 모습을 머릿속에 그립니다. 그들을 향하여 어떤 느낌이 드는지 묘사합니다.

_____

_____

_____

_____

_____

_____

그다음, 그 소방관들과 반대 입장에 있는 관리자 부분들을 생각합니다. 그들을 초대하여 소방관 맞은편 테이블에 앉힙니다. 그 관리자 부분들을 향하여 어떤 느낌이 듭니까?

_____

_____

_____

_____

_____

_____

만약 당신이 관리자 팀이나 소방관 팀 중 어느 한 팀과 섞여 있다는 것을 알게 된다면, 그들이 기꺼이 분리되기 위해서는 당신에게서 어떤 것이 필요한지 물어봅니다. 당신은 다른 팀이 아니라, 모든 이에게 귀를 기울이는 존재라고 안심시켜줍니다. 이제 그들은 당신에게 어떻게 반응합니까?

_____

_____

_____

_____

_____

_____

_____

_____

두 팀 모두에게 모든 이를 위한 공간이 충분히 있으며, 당신은 어느 누구도 제거하려고 하지 않는다는 것을 이야기해줍니다. 그들 모두 당신을 위해 긍정적인 의도를 갖고 있다는 것을 당신은 알고 있습니다. 그들이 당신으로 하여금 도울 수 있도록 허락할지라도 어느 쪽도 지는 것이 아니라고 안심시켜줍니다. 당신은 두 팀 모두를 위해 여기에 있다는 것을 그들에게 이야기해줍니다. 그들은 어떻게 반응합니까?

_____

_____

_____

_____

_____

_____

_____

당신은 여전히 테이블 맨 앞에 앉아 양쪽 팀을 주목하고 있습니까? 만약 그렇다면, 그들이 장악하지 않은 채 당신 곁에 함께 있으니 그들은 어떤 느낌이라고 합니까? 당신은 어떤 느낌입니까?

_____

_____

_____

_____

_____

_____

_____

_____

테이블 맞은편을 서로 노려보는 대신에, 각 팀에게 그들의 시선을 옮겨 당신을 향하여 바라보라고 요청합니다. 그들에게 이렇게 물어봅니다. 앞으로 그들이 서로를 다루기 위해 지금까지 하던 일을 할 필요가 없다면 그것이 그들에게 좋을까요? 앞으로 그들 모두가 당신의 도움을 받을 수 있기에 그들이 혼자가 아니라는 것을 알면 어떨까요? 그들이 관심을 가질까요? 그들이 당신의 관심에 어떻게 반응하는지 묘사합니다.

_____

_____

_____

_____

_____

_____

_____

_____

삼각형 그리기

이런 계통에 있는 많은 치료사들이 자기 자신들의 소방관 활동으로 복잡한 여정을 경험하였습니다. 이 연습은 자신의 내면 양극성을 식별하고 보호하는 팀과 추방자들 사이의 연결을 명확히 밝히는 데 도움이 됩니다. 이 연습은 당신으로 하여금 관련된 모든 부분을 감지하고 친해지도록(마음을 열고 대화할 수 있도록) 합니다. 관련된 부분들이라 함은, 약물 혹은 무료함을 벗어나게 해주는 것들, 혹은 진정시키는 관행을 즐기는 소방관 부분들, 그러한 관행을 걱정하는 관리자 부분들, 그리고 의식으로 들어오지 못하고 있는 예민한 추방된 부분들 모두를 말합니다. 당신은 자신의 양극성에 익숙해짐으로써, 내담자의 내면 갈등을 더 잘 찾아내어 수용할 수 있게 됩니다.

당신이 이 연습에 참여하면서, 불안해하는 관리자들은, 당신이 통제 불능의 가능성이 있다고 생각하는 소방관 부분과 연결되도록 허락하는 것에 초조감을 느낄 수 있다는 것을 알고 있어야 합니다―마치 그의 존재를 인정하는 것만으로도 잠자는 용을 깨우고, 엄청난 수치감을 불어넣게 만드는 것이 아닌가 여기는 것입니다. 당신은 소방관들의 행동을 지지하기 위해서 소방관들과 연결시키는 것이 아니라는 것을 관리자들에게 상기시켜줍니다. 오히려 당신은 소방관들의 동기를 이해하고 그들에게 새로운 선택권을 주고 싶어하는 것입니다. 마찬가지로 참자아는 추방자들이 수치감을 내려놓고 기분이 나아지도록 돕게 됩니다.

먼저, 진정시키는 당신의 소방관들 중 하나를 확인합니다. 현재 활동 중이거나 과거에 도움을 준 적이 있는 부분, 어느 것이든지 당신이 가장 잘 다룰 수 있다고 생각하는 부분을 택합니다. 그 부분이 가장 좋아하는 활동 모습―소파에 누워, 먹으며, TV를 보든가, 손에 음료를 들고 소셜 미디어를 스크롤하든가, 대마초(또는 니코틴)를 피우든가―을 머릿속에 그립니다. 마치 일방경을 통해 보듯이 이 부분을 바라봅니다. 그의 얼굴 표정에 주목합니다. 행복합니까, 걱정하고 있습니까, 멍한 상태입니까? 신체 언어에 주목합니다. 긴장이 풀려 있습니까, 긴장하고 있습니까, 탈진해 있습니까?

이 부분을 향하여 어떤 느낌이 듭니까? 만약 당신 마음이 열려 있다면, 그 부분이 당신에게 이야기하고 싶은 것이 있는지 물어봅니다. 만약 당신 마음이 열려 있지 않으면, 당신을 가로막으며 당신의 가슴을 닫고 있는 부분들을 체크합니다. 그들이 분리되어 당신을 신뢰할 의향이 있는지 물어봅니다. 만약 의향이 있다면, 계속해서 당신의 소방관을 알아갑니다. 그 소방관 부분은 어떻게 당신을 돕고자 애를 쓰고 있습니까? 그 부분은 당신의 내면 세계에서 어떤 기능을 가지고 있습니까? 만약 그 부분이 당신에게 이러한 일을 해주지 않는다면 어떤 일이 일어날까 봐 두려워합니까? 당신이 귀를 기울이고 있다고 이야기해줍니다. 이 연습 말미에 있는 소방관 상자 안에 배운 내용을 쓰도록 합니다.

그다음, 이 소방관에게 반응하는 부분들이 있는지 주목합니다. 이 부분들은 메시지를 전달하는 목소리의 형태로 나타날 수도 있고 당신 몸 어딘가에 불안감이 올라오는 형태로 나타날 수도 있습니다. 당신은 진정시키는 소방관 활동에 쓰는 시간이나 돈을 제한하고 싶어하는 통제 관리자를 감지할 수도 있습니다. 당신은 소방관 부분이 도덕적으로 나쁘거나, 너무 위험을 무릅쓰거나, 약하다고 말하는 판단적인 관리자를 감지할 수도 있습니다. 소방관 부분이 통제 불능이 될까 봐 두려워하거나, 소방관 행동이 너무 지나쳤던 때를 기억하는 걱정하는 관리자를 감지할 수도 있습니다. 당신은 이 반응적인 관리자를 향하여 어떤 느낌이 듭니까? 만약 당신의 마음이 열려 있지 않은 경우, 소방관 부분이 완전히 분리되었는지 체크합니다.

당신이 관리자에 대해 호기심을 느낄 수 있을 때, 그 부분이 당신에게 이야기하고자 하는 것이 무엇인지 물어봅니다. 그것에 귀를 기울입니다. 그의 염려 사항은 무엇입니까? 당신은 소방관의 행동에 관여하고 있는 이가 아니라고 그 부분을 안심시켜줍니다. 그의 우려 사항을 인정하고 확인합니다 — 관리자들은 종종 일리 있는 지적을 합니다! 그 부분이 강하게 나올 때에는 무엇을 원하고 있습니까? 만약 그 부분이 긴장을 늦추고 당신이 이 소방관 부분을 돌보게 한다면 어떤 일이 일어날까 봐 두려워합니까? 이 연습의 말미에 있는 관리자 상자 안에 들은 내용을 쓰도록 합니다.

앞으로 나서는 보호자마다 어떻게 이 역할을 시작하게 되었는지 설명해 달라고 계속해서 요청합니다. 각각의 보호자는 얼마나 오랫동안 그 일을 해오고 있습니까? 만약 그들이 자신이 하던 일을 완전히 중단해야 한다면 어떤 일이 일어날까 봐 두려워합니까? 그들은 산산이 부서지거나, 과거가 되살아나거나, 수치심에 압도되면 어쩌나 하는 흔한 걱정을 이야기할 수도 있습니다. 일단 보호자들이 자신들의 두려움을 이야기했으면, 그들이 누구를 보호하고 있는지 물어봅니다. 그런 다음 보호자들에게 다음과 같은 옵션을 고려해보라고 요청합니다 — 참자아가 그들이 보호하고 있는 추방된 예민한 부분들을 돌볼 수 있다면 어떨까요? 보호자들이 동의하면 이 추방자들과 잠시 연결해도 괜찮은지 물어봅니다. 만약 동의하지 않으면, 그들의 염려 사항을 인정하고 그들의 결정을 수용합니다. 하지만 대화를 계속하며, 당신은 이것을 안전하게 진행할 수 있다는 것을 증명할 수 있게 해달라고 허락을 구합니다.

만약 보호자들이 한걸음 뒤로 물러설 의향이 있다면, 환영하고 추방자에게 주의를 기울입니다. 당신은 과거 어딘가에서 찍은 스냅샷처럼, 자신의 어릴 적 모습의 이미지를 볼 수도 있고, 단순히 몸 안에서 슬픔, 고통, 혹은 몸을 움츠리거나 숨기고 싶은 충동을 느낄 수도 있습니다. 추방자가 어떻게 나타나든 간에, 그것에 초점을 맞춥니다. 더 크게 숨을 쉬며 그 부분을 위한 공간을 만듭니다. 당신이 지금 여기 있으므로 그 부분이 혼자가 아니라는 것을 이야기해줍니다. 당신이 곁에 있다는 것은 추방자에게 어떤 느낌입니까? 이제 당신은 그 부분을 향하여 어떤 느낌이 듭니까? 만약 보호자가 나타나면 다시 연결할 터이니 잠시만 한걸음 뒤로 물러나 달라고 요청합니다.

당신의 마음이 다시 열리면, 추방자에게 이 순간에 누군가 자신을 이해해주고 있다는 느낌이 들도록 해주는 한 가지를 이야기해 달라고 요청합니다. 그것을 받아들입니다. 당신의 보호자들이 편안한 느낌을 갖게 되면, 좀 더 많은 시간을 추방자에게 귀를 기울입니다. 당신 몸의 어떤 작은 불안감에도 주의를 기울입니다. 만약 불안해하는 보호자들이 활성화되면, 추방자의 등장에 감사를 표하며, 당신이 되돌아올 수 있을 때까지 추방자가 안전하고 편안한 어떤 곳으로 가고 싶어하는지 물어봅니다. 그런 다음 추방자라고 표시된 상자에 추방자가 당신과 나눈 내용을 쓰도록 합니다.

마지막으로, 적어 넣은 표를 당신의 부분들에 대한 새로운 지도로 삼아 검토합니다. 각 보호자 팀에 주목합니다. 이제 당신은 그들을 어떻게 이해합니까? 그들은 서로가 달리 보입니까? 이 부분들은 당신과 함께 모든 이들의 선을 위해 전략을 세울 수 있기 때문에 더 이상 서로를 고치려고 애쓸 필요가 없다는 사실을 그들에게 상기시켜줍니다. 이제 당신은 추방자를 알고, 그가 짊어진 짐을 이해하며, 당신이 돕기 위해 그의 곁에 있다는 사실을 강조합니다. 그리고는 추방자에게 사랑과 긍휼의 마음을 보냅니다. 그 부분의 등장에 감사를 표합니다. 그 부분이 얼마나 오랫동안 지원을 기다려 왔는지 그리고 그것이 얼마나 용기가 필요한 과정이었는지 충분히 이해하도록 합니다. 앞으로 당신과 이 모든 보호자들이 안전을 확립하기 위해 함께 일하는 것을 목표로 하며, 당신은 계속 관계를 유지하고 모든 이들에게 시간을 내어 도울 것임을 추방자에게 이야기합니다. 아무도 더 이상 혼자 있을 필요가 없습니다.

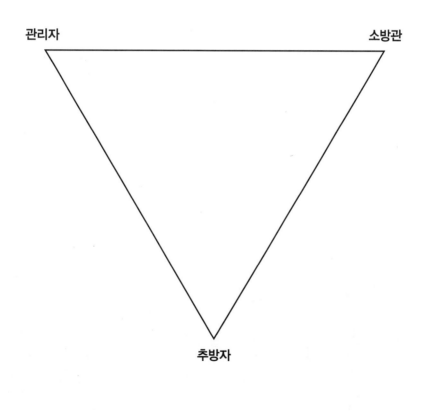

▽ **관리자**

▽ **소방관**

▽ **추방자**

중독 양극성을 완화시키기

우리가 지금까지 강조해 온 것처럼 중독 시스템의 보호적인 부분들은 만성적인 갈등 가운데 있으며 신뢰할 만한 리더를 갖고 있지 못합니다. 중독 양극성을 완화시키기 위해, 우리는 기능적인 관리자들과 위험을 무릅쓰는 소방관들 둘 다를 파악하고 따뜻이 맞이하며 친해지는 것으로 시작합니다. 우리는 두 팀이 내담자의 참자아로부터 분리되어 그들의 두려움, 의도, 중독 프로세스에 대해 이야기할 수 있도록 도와줍니다. 내담자는 처음으로 이 모든 것을 듣고, 통제와 달래기를 향한 그들의 나뉘어진 갈망을 이해하며, 어떻게 그들이 서로를 고조시키는지 깨닫게 됩니다. 내담자의 참자아는 각 부분과 강하고 명확하며 즉각적으로 반응하는 관계를 발전시킴으로써 좋은 반응을 얻게 되는데, 이는 부분들이 계속해서 분리 상태를 유지할 수 있도록 도와줍니다. 어떤 부분이 분리될 때, 내담자들은 자신을 더 잘 받아들이고 종종 더 큰 주체의식(sense of agency)을 경험합니다. 좋아! 이제 나도 할 수 있을 것 같아. 참자아와 연결되어 있다고 느끼는 부분들은 장차 회기에서뿐만 아니라 가정에서도 기꺼이 분리되려 할 것입니다.

고함치는 관리자들이 진정을 되찾고 소방관들이 고위험 행위들을 누그러뜨리면서 마음은 더 넓어지고 부분들은 참자아를 더 신뢰하게 됩니다. 이 치료 단계에서, 우리는 내담자들이 때때로 다른 선택을 하기 시작하는 것을 볼 수 있습니다. 하지만 분리된 정신적 공간이 이루어진 이 기간 동안에는 추방자들이 관심을 얻고자 몸부림 칠 기회도 얻게 되는데, 이는 보호자들로 하여금 오던 길을 되돌아가게 하여 공황 상태를 야기할 수 있습니다. 추방자들의 절박함을 막기 위해, 우리는 계속해서 그들이 참자아와 짧은 일방적 연결이 이루어지도록 하면서, 그들이 혼자가 아니고 우리가 도와주러 가고 있다는 것을 상기시켜줍니다. 우리는 다루기 힘든 보호자들의 염려 사항들을 해결하면 추방자들에게 더 많은 공간과 안전이 확보될 것이라고 약속합니다. 우리는 추방자들에게 시스템을 압도하지 말라고 요청하는데, 이는 슈워츠가 추방된 부분과의 작업 초기에 발견한 개입 방법입니다(Schwartz & Sweezy, 2020).

내담자가 보호자들에게 그들의 걱정에 대해 솔직하게 말해달라고 요청하면서, 그들은 서서히 행동으로 표출하던 것에서 예-아니요라고 하며 요청하는 것으로 바뀌게 됩니다. 만약 보호자들이 치료가 너무 빨리 진행되고 있다고 생각한다면, 우리는 속도를 늦출 수 있습니다. 속도와 필요성에 관련된 이러한 대화는 무시당하고 힘을 박탈당하는 데 익숙한 부분들에게는 전혀 새로운 것입니다. 그것들은 종종 내담자의 내면 여정에서 매우 중요한 전환점이 됩니다.

소방관을 알아가기

강박의 문제를 갖고 있는 내담자들이 우리 상담실로 발을 들여놓을 때쯤이면, 그들은 음주, 섭식, 성적 집착 또는 온라인 도박을 통제하기 위해 ─ 때로는 수많은 방법으로 ─ 셀 수 없이 많은 시도를 했었을 것입니다. 그들의 어떤 부분들은 이전의 치료 방법으로 좋지 않은 경험을 하는 동안 수치를 당하거나, 통제당하거나, 판단받았던 것에 대해 화가 났을 것입니다(Hari, 2015). 어떤 사람들은 그들이 또 다시 실패할 것을 두려워하거나, 죽으면 죽었지 한 번 더 굴욕을 감내하기 힘들어할 수도 있습니다. IFS 치료사가 이러한 부정적인 가정들이 내면에 있음을 알아차리고 이 부분들을 한걸음 뒤로 물러나도록 안내하게 되면, 치료는 내담자에게 안전하다고 느껴 내담자의 부분들이 참여하게 됩니다. 소방관 부분이, 다른 사람들이 자신의 행동이 더 나빠지고 있다고 생각한다고 불평하면서, 암시를 주기 시작할 수도 있고, 관리자가 더 직접적으로 비밀을 털어놓을 수도 있습니다. 어느 쪽이든, 이러한 정보는 우리에게, 중독 양극성에서 벗어나 내담자의 초기 소방관 행동을 검토할 수 있는 기회를 제공합니다.

몇 가지 이유에서 이 검토를 진행할 때 그 역할에 대해 인정을 많이 표하는 것이 좋습니다. 첫째, 소방관들은 수용력이 매우 뛰어납니다. 그들은 철저한 의무감에 붙잡혀 있는 관리자들이 내뱉는 가혹하고 자기 혐오적인 장광설이 더 많은 외로움, 수치심, 절망을 가져다주는 것으로 봅니다. 그들의 우려는 타당하고 현실에 기반을 두고 있습니다. 내담자의 내면 환경은 정말로 너무 가혹합니다. 결국 소방관들은 마땅히 해야 할 것(should) ─ 지나친 돌봄, 너무 많은 책임, 지나친 수치감 불어넣기, 너무 적은 자원 ─ 과 몇 가지 바라는 것(wants) ─ 정서적인 고통과 외로움으로부터 주의를 분산시키는 것 ─ 의 균형을 맞추는 것을 목표로 합니다. 소방관의 행동이 아무리 혼란스럽고 자해적일지라도 실질적인 안도감을 제공합니다. 내담자가 호기심을 가질 수 있게 되면, 소방관들이 (위태로운 경우) 잠재적으로 생명을 구하는 흥정의 한쪽 편만을 옹호하고 있기 때문에 장기적으로 부정적인 결과를 초래한다는 사실을 무시하고 있다는 것을 알게 됩니다.

둘째로, 내담자들은 변화에 관한 한 매우 다양한 우선순위를 가지고 있기 때문에 우리는 반드시 소방관들을 충분히 이해해야 합니다. 예를 들어, 그들은 폭식증에 대해 작업하기를 원하지만 음주 패턴을 바꿀 준비가 되어 있지 않거나 관심이 없다고 느낄 수도 있습니다. 손상을 줄이는 접근법에서와 마찬가지로, 회복은 내담자가 이루어내는 어떤 긍정적인 변화라고 생각합니다(Szalavitz, 2016; Tatarsky, 2007). 우리의 최우선 순위는 강박을 통제하는 것이 아니라 소방관 부분들과 내담자의 참자아 사이에 관계를 맺고 건강한 내적 연결을 구축하는 것입니다. 그와 함께, 우리는 내담자에게 중독 부분들이 이 때 그들에게 어떻게 도움을 주는지 확인해보라고 요청하며, 친구들과 어울리고, 개를 산책시키며, 재미로 악기를 연주하고, 오토바이 경주를 하며, 소설에 몰입하고, TV 연속극을 보며 폭식하며, 비디오 게임을 하거나 영화를 보러 가는 것과 같은 유익한 듯이 생각되는 다른 소방관 활동들에 대한 정보도 구합니다.

우리는 내담자가 위험을 감수하는 행동을 새로운 관점에서 보도록 하는 것을 목표로 하기 때문에 소방관에 대한 검토를 부드럽게 진행하기를 권합니다. 우리는 내담자들이 그들의 중독 행동을 (비판하기보다는) 이해하는 법을 배우고 그들의 안도에 대한 욕구의 깊이를 (두려워하기보다는) 충분히 이해할 수 있기를 바랍니다. 이를 위해서는 우리가 비판적이고 수치감을 불어넣는 관리자들의 반발 가능성을 차단하고 나서 소방관들의 우려를 물어보면서 검토를 진행하는 것이 중요합니다. 관리자들은 당연히 소방관들과 더 친해지는 것을 두려워합니다. 관리자들은 아직 참자아를 신뢰하지 않으며, 그들은 소방관들이 어떤 친밀한 관계도 자신들(소방관)이 하는 일에 대한 허가와 지지로 해석할 것이라고 가정합니다. 우리는 관리자들의 타당한 두려움과 우려에 대응함으로써 그들의 신뢰를 얻게 됩니다. 이렇게 하기 위해서는 다음 단계를 따르도록 합니다.

묻고, 확인하고, 묻는다

먼저 내면에 반대하는 부분이 있는지 묻습니다. "당신이 어릴 적 경험을 나와 이야기하는 것에 대해 어떤 부분이 걱정하거나 반대하고 있습니까?"

- 소방관 부분이 치료사(또는 내면의 또 다른 부분)가 자신의 행동을 판단할 것을 두려워하는 경우, 그 의도에 대해 묻습니다("당신이 아니었으면 어떤 일이 일어났을까요?"). 그리고 그 필요성을 확인합니다.

- 관리자 부분이 치료사(또는 내면의 또 다른 부분)가 소방관 행동을 판단하지 않을 것을 두려워하는 경우, 이 우려를 확인하되 그 소방관을 다음과 같이 옹호합니다. "이 소방관 부분은 강렬하기는 하지만 미치지는 않았습니다. 그 부분은 아이가 아무도 도와주지 않는 정말로 고통스러운 시간을 벗어날 수 있도록 도와주려고 애를 썼습니다."

그다음, 관리자의 두려움에 대해 묻습니다. "만약 당신이 지금 당장 비판적인 말을 하지 않는다면 어떤 일이 일어날 것 같습니까?" 이러한 우려의 타당성에 주목하는 것이 중요합니다 — 관리자들이 다른 부분들의 과거 행동을 본 적이 있기 때문입니다. 일반적으로 비판적인 관리자들은 다음과 같은 우려를 적어도 하나 이상 가지고 있습니다.

- 추방자가 시스템과 섞여 시스템을 압도할 것이다.
  - 내담자가 과거에 이런 경험이 있었는지 확인하고, 추방자들이 다시 압도할 필요가 없도록 그들을 도와주겠다고 제안합니다.

- 소방관이 장악할 것이다.
  - 소방관들이 여러 차례 재앙적인 결과를 가져왔었는지 확인합니다. 그리고 소방관들은 겉으로 보이는 것보다 더 복잡하기 때문에 그들 역시 도움을 받을 수 있다고 약속합니다.

- 관리자는 그가 하는 일이 자기 임무라고 생각하기 때문에, 그 임무가 끝나면 자신은 사라질 것이다.
  - 관리자의 노고를 인정하고, 내담자의 참자아는 어떤 부분도 제거하지 않을 것이라고 약속합니다. 당신은 단지 그 부분에게 걱정과 일을 덜 할 기회를 제공하고 있을 뿐입니다.

- 관리자는 누군가가 화를 내며 내담자를 거부할까 봐 두려워한다.
  - 내담자가 전에 여러 차례 수치를 당했거나, 거부당했거나, 의절당했는지 확인합니다. 그리고 누구도 판단하거나 통제하지 않는 내담자의 새로운 프로세스를 지원하겠다고 약속합니다.

관리자들을 안심시키고 계속 진행해도 좋다는 허가를 확보한 다음, 내담자의 최초 약물 사용이나 그 밖의 고위험 행동에 대한 이력을 탐색합니다. 비판단적인 개방형 질문을 사용하여 암시나 직접 고백에 대한 후속조치를 취합니다. 내담자들이 처음으로 큰 위험을 무릅쓰거나, 큰 곤경에 빠지거나, 혹은 행동으로 표출하는 듯한 느낌을 가졌을 때를 생각해보라고 초대하는 것으로 시작합니다. 그들이 그 당시에 몇 살이었는지 물어보고 그들의 상황을 탐문합니다.

예를 들어, 내담자가 담배를 피우거나, 샌드위치를 훔치거나, 곤경에서 벗어나기 위해 거짓말을 하거나, 돈 내기 카드 놀이를 하거나, 아버지의 컴퓨터로 포르노를 보거나, 다이어트를 시작하거나, 처음으로 성관계를 갖거나, 어떤 면에서 더욱 노골적으로 반항했다면, 그들의 삶에서 무슨 일이 일어나고 있었는가? 그들은 몇 살이었는가? 내담자의 환경과 이력에 따라, 이러한 반항은 그들이 10대였을 때, 혹은 심지어 초등학교 때도 일어날 수 있습니다. 내담자들이 과거를 다시 회상하는 동안, 그들이 어린 보호자들과 연결되고 그 보호자들의 의도에 귀를 기울이도록 도와줍니다. 당신은 그들이 집에서 마주한 위험의 수준과 그들을 안내하거나 보호해줄 수 있는 어른이 가까이에 있었는지를 알게 될 것입니다. 당신은 일이나 다른 인간 관계에 몰두하고 있는 부모들, 그들 자신이 중독 사이클에 갇혀 있거나 정서적, 신체적, 성적으로 학대하였던 부모들에 대한 이야기를 들을 수도 있습니다. 당신은 만성적인 혼란, 감독의 결여, 식량 확보의 불안정 또는 외로움에 대한 이야기를 들을 수도 있습니다.

어떤 내담자들에게는 이러한 고통과 상실감이 드러나지 않게 자리잡고 있을 수도 있습니다. 그들의 환경은 꽤 안전하고 부족함이 없었는지 모르지만, 자신들이 여전히 사랑받지 못한다고 느꼈고, 자신들의 학교 성적이나 외모에 대해 만성적으로 불안해했으며, 항상 자신이 틀렸다는 이야기를 들었기에 자기 주장을 하는 것이 안전하지 않다고 느꼈습니다. 내담자마다 사연이 있습니다. 어린 시절의 상황이 어떻든 간에 그들은 자신의 부분들이 품고 있는 긍정적 의도를 바라보며 명료함을 얻게 됩니다. 담배를 피움으로써 '큰 아이'의 무리 속으로 들어갈 수 있게 된 여덟 살짜리 소방관 부분일 수도 있고, 집에 혼자 남아 TV 앞에서 정크 푸드를 먹으며 위안을 삼았던 열 살짜리 소방관 부분일 수도 있으며, 학교 불량배들에 대한 격분을 자신의 팔과 허벅지 안쪽을 칼로 베는 것으로 달래는 열세 살짜리 소방관 부분일 수도 있고, 저녁 식사 때 모욕을 당한 후 음식을 거부하기 시작한 열다섯 살짜리 소방관 부분일 수도 있습니다.

작가 마이아 살라비츠(2016)가 그녀의 저서 *Unbroken Brain*에서, "중독은 단지 나타나는 것이 아니다. 펼쳐지는 것이다."라고 썼습니다(38쪽). 우리는 중독 프로세스가 내담자의 삶 전반에 걸쳐 어떻게 발전하는지 이해하지만, 내담자가 소방관 부분들의 이야기에 귀를 기울일 때, 그들의 눈 앞에 큰 그림이 더욱 선명하고 뚜렷이 보이게 됩니다. 내담자들은 자신의 어린 시절 취약성을 깨닫고 그것이 어떻게 어린 보호자들의 영리한 전략으로 이어지게 되었는지 이해하게 됩니다. 내담자가 자신의 어린 부분들이 얼마나 외로웠거나, 무시당했거나, 무서워했는지 깨달을 수 있을 때, 내담자는 처음으로 자기 긍휼의 마음을 갖게 됩니다. **나는 나쁘지 않아. 나는 절박했어!**

소방관 이력 검토 질문

- 동네에서 혹은 집에서 위험한 행동을 처음으로 시도했던 때를 기억합니까?

- 들키지 않고 무언가를 갖고 도망치고 싶었던 기억이 있습니까?

- 학교는 어땠습니까? 외부 활동에 참여했었습니까?

- 학교에서 돌아왔을 때 집에 누가 있었습니까?

- 집에 혼자 있었던 적이 있었습니까? 만약 그렇다면, 당신의 돌보미나 형제/자매들은 어디에 있었습니까?

- 학교에서 돌아와서는 집에서 무엇을 하였습니까?

- 집에서 긴장을 풀 수 있었습니까? 만약 그렇다면, 어떻게 긴장을 풀었습니까?

- 동네에서 긴장을 풀 수 있었습니까? 아파트 건물이나 집 밖에서 안전하다고 느꼈습니까?

- 어렸을 때 즐거웠습니까? 만약 그렇다면, 어떤 것이 즐거웠습니까?

- 가정에서 긴장하거나 무서워한 적이 있었습니까? 학교에서는? 그 두려움을 도와 해결해줄 사람이 있었습니까?

- 당신의 직계 가족은 어떻게 기능하였습니까? 당신의 돌보미는 약물을 사용하거나, 술을 마시거나, 섭식 문제가 있거나, 성적으로 부적절하거나, 폭력적이었습니까?

- 가족과 함께 있는 것이 편했습니까?

- 자신의 어떤 부분들을 숨기거나, 집이나 학교에서 당신이 좋아하는 어떤 활동을 숨길 필요를 느꼈습니까?

- 당신의 친척들은 어땠습니까?

- 집에서 맡은 책임이 있었습니까? 만약 그렇다면, 몇 살부터였습니까?

- 먹을 음식이 충분했습니까? 어떤 종류의 음식이었습니까?

- 다이어트, 도박, 약물 사용 또는 그 밖의 위험을 감수하는 행동을 시작하였을 때 몇 살이었습니까? 그 당시 어떤 일이 일어나고 있었습니까?

- (예를 들어, 약물을 사용하고, 담배를 피우고, 포르노를 보는) 당신의 어린 자신에 대해 비판하는 소리가 들립니까? 만약 그렇다면, 비판적인 부분은 지금 당장 자신이 이런 말을 하지 않으면 어떤 일이 일어날까 봐 두려워합니까?

당신이 소방관에 대해 검토할 때는 많은 내담자들이 자신들의 욕구와 동기로부터 단절될 것이라고 기대합니다. 이것은 그들이 자신의 어린 시절 취약성을 처음으로 알게 되는 기회일 수도 있습니다. 그 이유는 우리가 지금까지 배웠듯이, 중독 행위에 관여하고 있는 많은 내담자들은 혼란스럽거나 해체된 가족 시스템에서 태어났고, 어린 나이에 자신들의 욕구를 단절하는 법을 배웠으며, 그 상태가 시간이 지남에 따라 점점 커 갔기 때문입니다. 그 결과, 그들은 자기 돌봄과 자기 조율(self-attunement)에 대해 잘 알지 못하며, 어릴 적 박탈과 상처를 자신들의 중독 프로세스와 쉽게 연관시키지 못합니다. 예를 들어, 그들은 엄청난 고립감을 느꼈기 때문에 자신들이 어제 약에 취해 있었다는 사실을 깨닫지 못합니다. 그들은 깊은 수치심과 소외감에 사로잡혔었기 때문에 주말 내내 음식 섭취를 제한했다는 것을 깨닫지 못합니다. 오히려 그들은 자신들이 더러운 한 주를 보내며 그냥 충동에 굴복하는 느낌이었다고 말할 가능성이 가장 높습니다.

우리가 이 내담자들이 현실과 책임을 회피하고 있다고 결론을 내릴 수도 있겠지만, 내담자들은 소방관들이 자신들의 불편함과 고통을 관리하기 위해 선택을 하고 있다는 사실을 알지 못합니다. 오히려 그들은 전혀 생각하지 않는다고 이야기합니다. 소방관들은 자신들의 강박성과 충동성을 정말로 혼란스러워합니다. 이러한 행동은 그들에게 반복적으로 일어나며, 그들은 자신들의 행동에 대한 더 큰 맥락을 보지 못합니다.

그렇다면 내담자가 자기 인식과 자기 의지(self-agency)가 거의 없는 경우, 어떻게 치료사가 효과적으로 개입할 수 있을까요? 우리는 내담자들에게 자신들의 패턴과 보호자 양극성에 주목해보라고 요청하는 질문으로 시작합니다. 우리는 계속해서 큰 그림을 그리고, 그들의 보호적인 부분들이 대립하는 두 팀으로 나뉘어져 있다는 것을 강조하며, 그들이 주의력 분산과 자가 치료에 기대었을 때 자신들이 얼마나 취약했었는지 알아차릴 수 있도록 도와줍니다.

이것이 실제로 어떤 모습인지 보기 위해, 32세의 아프리카계 미국인, 미혼, 이성애자, 시스젠더 여성인 소니아의 예를 살펴보겠습니다. 그녀는 신입 간호사로서, 직장에서 약물을 훔치고 싶은 충동을 느꼈기 때문에 치료를 받으러 왔습니다.

어린 보호자와 작업하기

치료사 : 당신은 어렸을 때 집안 형편이 그리 좋지 않았다고 말하셨어요. 당신이 처음 술에 손을 댄 것이 몇 살이었는지 기억하시나요?

소니아 : 열한 살이에요. 우리는 이웃집 차고에 있는 냉장고에서 맥주를 꺼내 마셨어요.

치료사 : 담배를 피우기 시작한 것도 그때인가요?

소니아 : 담배를 피우기 시작한 때는 열 살이었어요. 나와 같은 동네에 사는 이 아이는 공원에 가서 자기 엄마의 담배를 피우곤 했어요. 때때로 우리는 장난도 쳤지요. 우리는 우리가 무슨 짓을 하고 있는지 정말 몰랐어요. 하지만 함께 있는 것만으로도 좋았던 것 같아요.

치료사 : 친구가 있어서 좋았네요. 열 살과 열한 살 때 또 무슨 일이 있었나요?

> 치료사는 확인하고 그녀의 환경에 대해 질문한다.

소니아 : 아빠는 가출하였고 엄마는 우울증에 시달렸어요. 엄마는 침대에 누워만 있었어요. 술을 마시고 있었지만 우리가 모르는 줄로 생각했어요. 엄마는 옷장에 있는 장화 속에 술을 숨겼어요.

치료사 : 그리고 당신과 동생들은 무엇을 하고 있었나요?

소니아 : 마이크는 옆집에 사는 가족과 함께 살게 되었어요. 그래서 나는 어린 동생 피트와 엄마하고 있게 되었어요. 이웃에 있는 친척들에게 돈을 구걸하여 음식을 사서 동생 피트를 돌보았어요. 때때로 길 건너편에 사는 여자 분이 남은 음식이 담긴 통을 우리 집 문 앞에 갖다 놓았어요. 그리고 피트가 화상을 입었을 때, 내가 병원에 데려갔지요.

치료사 : 어떻게요?

소니아 : 동생을 들쳐 업고 달렸어요. 그러자 공무원들이 왔어요. 그때 우리는 위탁 가정으로 가게 되었어요.

치료사 : 소니아 씨, 당신이 이 얘기를 할 때 내면에서 무슨 소리가 들리나요?

소니아 : 네가 동생 피트를 다치게 한 거야. 네가 그 사람들이 피트를 데려가게 놓아두었잖아.

> 이것은 소니아의 비판적인 관리자 팀이다.

치료사 : 당신과 동생들이 같은 위탁 가정으로 갔나요?

소니아 : 네. 하지만 마이크는 위탁 가정에서 몰래 빠져나와 자기 친구 집으로 되돌아갔어요. 친구네는 마이크가 같이 머물도록 허락했어요. 그러자 캐롤라인 이모가 어린 피트를 데려갔고, 저는 결국 엄마에게로 되돌아갔지요.

치료사 : 돌아간 것이 언제인가요?

소니아 : 한 1년 후인 것 같아요. 엄마는 한동안 정신이 맑은 상태였어요.

치료사 : 그래서 당신에게, 어린 피트가 화상을 입었고 공무원들이 와서 당신들 모두 데려간 것이 당신 잘못이라고 말하는 부분이 있군요.

> 치료사는 부분 언어를 소개한다.

소니아 : 그랬어요. 하지만 집에 돌아왔을 때 남자친구 마티가 생겼어요. 그는 열여섯 살이었고, 저는 열네 살이었어요. 우리는 한동안 재미있었지요. 그는 주류 판매점에서 일하는 형으로부터 보드카를 얻었어요. (그녀는 어깨를 으쓱한다.) 뭐라고 할까요? 전 나쁜 아이였어요. 나는 일일이 셀 수 없을 정도로 많이 학교를 중퇴했어요. 내가 과정을 끝낸 것은 기적이었어요.

치료사 : 당신의 비판적인 부분은 자신의 어릴 적 모습을 보고 나쁘다고 하는군요. 그 아이는 나쁘지 않았다고 그 부분에게 이야기해주세요. 그 아이는 최악의 상황 가운데 있는 아이였던 것 같아요. 그 아이는 그 모든 책임을 짊어지고 있었으나 도와줄 어른들이 아무도 없었어요. 그 아이는 어린 남동생을 안전하게 지키기에는 너무 어렸어요. 어휴! 그 아이는 자신을 돌봐줄 누군가가 필요했어요. 그때 그 아이는 낯선 사람의 집에 맡겨졌고, 혼자였으며 자책했어요. 그 아이는 어느 정도의 위로와 안도감이 필요했어요. 담배는 시작에 불과하였고, 마티와 술은 한층 더 효과적인 도움을 주었지요.

소니아 : (그녀는 눈물을 글썽거린다.) 나는 동생 피트를 다시는 보지 못했어요. 나는 이모에게 나도 데려가 달라고 간청했지만, 이모는 자기가 그럴 형편이 아니라고 했어요.

치료사 : 그리고 이모가 당신은 데려갈 수 없다고 했을 때, 당신 내면에 있는 비판자는 뭐라고 했나요?

소니아 : 아무도 널 사랑하지 않을 거야. 너는 이기적이고 못된 애야.

치료사 : 그 비판자는 아직도 그런 말을 하나요? (소니아는 고개를 끄덕인다.) 만약 그 비판자가 더 이상 그런 말을 하지 않으면, 어떤 일이 일어날까 봐 염려하고 있나요?

소니아 : (고개를 숙인다.) 저는 감당하기 어려워요.

치료사 : 그리고요?

소니아 : 그리고 아무도 날 사랑하지 않을 거예요.

치료사 : 그 말에 동의하나요, 소니아 씨? (그녀는 바닥을 바라보며 고개를 끄덕인다.) 좋아요. 모든 책임을 졌지만 어른의 도움을 전혀 받지 못했던 어린 소녀가 있었다고 그 비판적인 부분에게 이야기해주세요. 엄마는 병들었고, 자신이 어린 남동생을 안전하게 지키려고 노력했지만, 그 아이는 너무 어렸어요. 그 아이는 누가 돌보고 있었나요? 그 아이도 역시 상처받기 쉬웠어요. 그 아이는 혼자였으며 겁에 질려 있었고, 내면에서는 비판자가 그 아이를 때리고 있었어요. (잠시 멈추며) 위탁 가정에 있는 그 아이가 보이나요?

소니아 : 그 아이가 보여요… 슬퍼하고 있어요.

> 이것은 추방자이다.

치료사 : 그 아이는 당신이 곁에 있는 것을 알고 있나요? (소니아가 고개를 끄덕인다.) 당신이 지금 여기 있다고 이야기해주세요. 그 아이는 당신의 도움을 받고 싶어하나요?

소니아 : 네.

치료사 : 우리가 그 아이에게 곧 다시 오겠다고 말해주세요. 먼저 우리는 술 마시고 담배를 피웠던 부분들에게 허락을 받을 수 있는지 체크해보아야 해요. 당신도 그들이 보이나요?

소니아 : 열네 살짜리가 보이네요. 그 아이는 마티와 술이 필요했어요.

> 이것은 소방관 부분이다.

치료사 : 당신은 그 아이가 마티와 술이 필요했다는 것을 아세요? (소니아가 고개를 끄덕인다.) 그 아이도 당신의 도움을 받고 싶어하나요?

소니아 : 네.

치료사 : 네, 좋아요. 우리는 나중에 그 아이에게 돌아오지요.

소니아는 어렸을 때 자신이 나빴고 지금도 나쁘다고 확신했기 때문에, 판단하며 비판적인 관리자들이 여전히 존재하고 있음이 분명하였습니다. 동시에 그녀는 사랑스럽지 못하다고 느꼈기에 추방자들도 역시 그녀의 의식 가운데 있었습니다. 이는 강박 행동의 재발로 이어질 수 있는 소방관 개입의 공식이라 할 수 있습니다. 소니아와 같은 많은 내담자들이 쉽게, 심지어 냉정하게 파괴적인 가족사를 이야기해줄 수 있지만, 우리는 그 냉정을 침착함과 자기 긍휼로 착각해서는 안 됩니다. 그들의 보호자들은 트라우마를 경험하고 버림받은 부분들의 욕구를 어떻게 충족시켜줄지 전혀 알지 못합니다.

IFS에서, 우리는 늦더라도 애착 상흔을 치유하고 추방자들을 더 안전한 곳으로 데려오는 것이 낫다고 단언합니다. 우리는 소방관들이 그들의 선한 의도를 설명할 기회를 갖도록 하고, 추방된 부분들의 위안, 따뜻함, 성인 보호, 안전에 대한 욕구가 정당하다는 것을 확인합니다.

외부의 영향에 대해 질문하기

자신들의 중독 프로세스를 통제하려는 많은 내담자들은 사랑하는 사람들로부터 외부 압박을 받게 됩니다. 그들의 행동은 혼란스럽고, 습관적으로 다른 사람들을 실망시키고, 후속 조치가 부족하며, 법적·의학적 문제를 가지고 있습니다. 이 모든 것이 친구들과 가족뿐만 아니라 일생을 통해 돕고자 애쓰는 의료 전문가들의 관리자 부분들을 불러 모읍니다. 이 모든 선한 의도를 가진 사람들은(우리를 포함하여!) 내담자가 중독 행동을 최소화하거나 중단하기로 동의하는 계약을 설명하고, 수치감을 불어넣으며, 위협하고, 조종하며, 구걸하고, 못을 박습니다. 그러나 이 같은 외부 압박이 혼란을 끝내거나, 자기 파괴의 사이클을 중단시키거나, 치료를 가져오지는 않습니다. 그에 반해서, 소방관들이 개입에 저항하고 더 강력하게 행동을 표출하도록 동기를 부여하게 됩니다.

물론 어떤 내담자들은 자신들보다 더 문제가 많고, 혼란스럽고, 자기 파괴적인 가족 구성원이나 파트너를 가지고 있는데, 이 경우에는 내담자가 새로운 경계를 만들고 부모화된 혹은 절박한 어린 부분들을 지원하도록 돕는 치료가 필요합니다. 이것은 특히 회복에 관심이 거의 없거나 전혀 없는—즉, 내담자가 좀더 안정적이고 관리자의 이끎을 받는 삶을 선택할 경우, 내담자가 분노, 조롱 또는 추방에 직면하게 되는—가정에서 특히 그렇습니다. 고통받는 가족들도 동일한 정도의 긍휼의 돌봄을 받을 자격이 있기는 하지만, 내담자는 자신들의 부모화된 어린

구원자들을 불가능한 과업으로부터 해방시켜야 할 의무가 있습니다.

우리의 임무는 내담자가 외부의 압력과 의무를 포함한 관계망을 탐색할 수 있도록 돕는 것입니다. 그리하여 우리는 내담자들의 강박 행동을 활성화시키고 그에 영향을 미치는 외부의 양극성을 명확히 할 수 있게 됩니다. 내담자는 그들의 하루를 어떻게 보내는가? 그들은 누구를 만나는가? 그들의 관계는 어떠한가? 우리가 흔히 발견하는 것은 내담자의 소방관들이 파트너, 부모 또는 어떤 권위자의 관리자 부분들과 양극화되어 있으며, 이는 소방관들의 투지를 북돋우고 내담자가 관리자 부분들에게 접근하지 못하도록 방해한다는 것입니다.

외부 영향에 대해 내담자에게 할 질문

- _____는 당신의 약물 사용(또는 폭식증, 도박 혹은 다른 패턴의 강박 행동)에 대해 얼마나 알고 있나요?
- 얼마나 많은 정보를 그들과 공유하더라도 안전하다고 느끼나요?
- 그들과 공유하고 싶지 않은 것은 무엇인가요?
- 만약 그들이 모든 것을 안다면 당신은 어떤 일이 일어날까 봐 두려운가요?
- 이 행동에 대한 그들의 의견이나 감정이 시간이 지나면서 바뀌었나요?
- 당신과 _____은 이 강박 행동에 대해 논쟁하고 있나요?
- _____는 당신이 걱정하는 강박적인 습관을 가지고 있나요?
- _____이 당신의 행동에 대해 불평할 때 당신은 어떻게 반응하나요?
- 당신의 반응이 관계에 어떤 영향을 미치나요?
- 만약 당신과 _____의 관계가 좋았다면, 어떤 모습일까요?
- 당신과 _____는 함께 이 행동에 참여하나요? 만약 그렇다면, 당신은 어떤 느낌이 드세요?
- 만약 당신이 이 강박 행동을 중단한다면, 그것은 _____에게 어떤 영향을 미칠까요?
- 만약 _____이 자신들의 강박 행동을 중단한다면, 그것은 당신에게 어떤 영향을 미칠까요?
- 당신의 중독 행동에 대한 당신의 비전이나 계획을 _____와 공유한 적이 있나요?
- _____가 자신들의 강박 행동에 대해 어떤 계획이나 비전을 갖고 있는지 아나요?

- 당신의 계획에 대해 _____와 솔직하게 말할 수 있다고 생각하나요?
- 만약 당신이 변화를 줄 경우, 관계가 끝날까 봐 두려운가요?

관리자와 친해지기

당신이 소방관 이력 검토를 마치면서 이미 소방관들과 관리자들 사이에서 셔틀 외교를 하고 있지 않다면 관리자 팀으로 돌아가는 것이 중요합니다. 좀 더 사회적으로 약삭빠른 부분들과 협상하는 것이 직관에 반하는 것처럼 보일 수 있지만, 수치감을 불어넣는 그들의 행동이야 말로 소방관들이 강박적인 행위를 지속하도록 동기를 부여하는 것입니다. 따라서 관리자들이 진정하게 되면, 소방관들은 훨씬 더 협조할 가능성이 높습니다. 관리자들에게로 향하면서, 당신의 첫 번째 목표는 그들과 친해지는 것인데, 그러기 위해서는 그들의 동기와 우려를 이해할 필요가 있습니다. 다음은 관리자들에 대해 알아야 할 내용을 요약한 것입니다.

1. **관리자들은 업무를 담당합니다.** 이 팀은 과업 완수와 개인적인 노력에 가장 높은 가치를 부여합니다. 그들은 안정을 유지하기 위해 부지런히 일하고, 내담자의 관계적인 욕구를 충족시키기 위해 끊임없이 노력하며, 개인적인 성장을 매우 존중합니다. 그들은 사람들이 새로운 도전을 하도록 격려하고 성숙함을 키워줍니다. 하지만 진척에 대한 그들의 열망은, 삶이 위태롭게 내리막길로 치닫고 있는 것을 두려워할 경우, 그들을 무자비한 비판자로 변화시킬 수 있습니다.

2. **어떤 관리자들은 오로지 자기 희생과 자기 부정에 전념합니다.** 내담자가 이러한 유형의 부분들과 섞이면 내담자의 관심은 영구적으로 외부로 고정됩니다. 그들은 항상 다른 사람들의 욕구를 분별하고 다른 사람들의 복지를 감독하려고 애를 씁니다. 관심의 초점이 자신을 제외한 다른 사람들인 것입니다! 그들은 파트너, 자녀, 부모, 상사, 그리고 동료들을 위해 희생합니다. 이 관리자 부분들은, 자신의 중독 행위에 지나치게 몰두하여 그 누구도 돌보지 못하는, 형식적인 부모만 있는 가정에서 아주 어린 나이에 자신들의 임무를 시작합니다. 내담자가 이러한 부분들을 주목하고 그들에게 귀를 기울이도록 도와줄 때, 우리는 돌보는 부분이 누구를 보호하고 있는지를 알아내고, 이어서 그 부분의 너그러움과 헌신을 확인할 수 있게 됩니다.

3. **관리자들은 극단적일 수 있습니다.** 일단 내담자의 시스템이 중독 프로세스에 고착되면, 관리자들은 한층 더 굽히지 않게 됩니다. 내면비판자, 판사, 완벽주의자, 돌보미, 논리적 사상가 및 최소화시키는 자가 장악하고, 가슴이 아닌 머리로만 작동하며 내담자로 하여금 간신히 살아가도록 만듭니다. 그들은 기본적인 과업을 성취하고 슬픔, 외로움, 절망과 같은 취약한 감정을 침묵시키는 것을 목표로 합니다. 그들은 경멸의 언사를 퍼붓고 혐오감을 표출하며 완벽을 주장하고, 모든 잘못된 의도를 죄악으로 확대하며 소방관의 강박 행동에 극도의 오명을 씌웁니다.

4. **관리자들은 더 큰 문화를 반영합니다.** 그들은 소방관의 행동에 대해 도덕적이고 문화적으로 선전된 두려움에 물들어 있습니다. 이러한 태도들은 소방관들에 대한 그들의 부정적 편견에 엄청난 기여를 하며, 그들은 소방관들이 비도덕적이고 파괴적이며 가혹한 훈육이 필요하다고 생각합니다(Hari, 2015; Hart, 2021). 그들은 소방관들의 동기에 거의 관심이 없고 그 이유를 묻는 것에도 전혀 흥미를 보이지 않으면서 소방관들의 성격을 비난합니다. 하지만 이러한 독설에도 불구하고, 관리자들은 좋은 의도를 가지고 있습니다. 그들의 이러한 편견들은 추방자들을 보호하고자 하는 임무에서 오는 것이며, 그 임무가 끝나면 사라집니다.

5. **관리자들은 선한 의도와 타당한 두려움을 가지고 있습니다.** 그들은 혼돈, 불안, 실패, 모욕에 알레르기를 보입니다. 그들의 두려움은 두 가지 방향으로 진행됩니다. (1) 소방관들이 통제를 벗어나서 장악할 것이다. (너는 또 다시 약물을 사용할 거야. 그래서 모든 것을 망칠 거야. 우리는 직장을 잃게 돼!), 그리고 (2) 시스템이 추방자들의 정서적 고통에 의해 압도될 것이다. 그 결과, 그들은 정서적인 고통을 잠재우고 소방관들을 통제하기 위해 부지런히 일을 합니다. 그러나 균형 잡힌 시스템에서는, 그들이 직장 및 인간 관계에서 기대를 이행함으로써 진정한 만족감을 얻습니다.

일단 당신이 관리자들의 동기와 특징을 이해하고 나면, 당신은 관리자들과 친해질 수 있습니다. 우리는 지나치게 책임감 있고, 미친듯이 서두르며, 수치감을 불어넣고, 남 탓하는 관리자들과 관계를 맺기에 좋은 옵션이 직접 접근이라고 생각합니다. 우리는 단순히 그들이 어떻게 도우려고 애쓰고 있는지 질문을 합니다. 중독 시스템에서는, 비판적인 관리자들이, 소방관들의 부분이 선의를 가지고 있다는 것을 보려고 노력하기보다는 일반적으로 소방관들이 꾀하는 더 큰 혼란을 막기 위해 애를 쓰고 있습니다. 우리가 "당신의 부분들이 약물 사용을 얼마나 싫어하는지 알겠어요."라고 하면, 관리자들은 "네, 정말로 싫어요! 저 통제 불능의 부분들이 싫어요."라고 대답할 수도 있습니다. 우리가 이 관리자 부분들에게 비켜달라고 하면, 그들은 모욕감을 느낍니다. 따라서 우리는 그들의 관점을 정상으로 여기고 확인하면서 그들과 관계를 맺는 것이 가장 효과적이라고 생각합니다. "맞아요, 물론 당신은 좋아하지 않을 거예요." 우리는 관리자들의 대대적인 개혁 노력에 대해 묻고 그들이 변화가 자리를 잡도록 만들었을 때 느꼈던 자부심을 확인합니다. 동시에, 우리는 관리자들에게 그들이 허락한다면 우리가 그 완고한 소방관 부분들을 도울 수 있다고 약속합니다.

관리자 팀과 관계를 맺은 후 우리는 검토하고, 비유를 들어 중독 양극성을 강조합니다. 예를 들어, 우리는 관리자들이, 다루기 힘든 아이들이 있는 교실에서 이끌어가려고 애쓰거나, 폭풍이 몰아치는 바다에서 보트가 가라 앉지 않도록 애쓰는 것으로 설명할 수 있습니다. 우리는 양쪽이 점점 첨예하게 대립하면서 어느 누구도 출구를 찾지 못하면 관리자들과 소방관들의 갈등 조정이 더 이상 불가능하게 됨을 강조합니다. 우리는 관리자들의 탈진에 위로를 표하고, 무대 뒤에 있는 추방자들이 도움을 받을 수 있다고 약속합니다.

그다음, 우리는 내담자에게 그 관리자를 향하여 어떤 느낌이 드는지 물어봄으로써 관리자들이 분리되도록 도와줍니다. 호기심, 친절함, 긍휼의 마음, 협력적인 자세가 관리자 협조를 얻는 황금 열쇠입니다. 그들은 고립, 억압적인 책임 및 두려움으로부터의 해방과 함께, 우리가 자신들을 교체하려고 노력하고 있지 않다는 확신을 얻고자 합니다.

관리자들은 통제를 좋아합니다. 그들은 지옥 문이 열리더라도 자신들의 자리를 떠나고 싶어하지 않습니다. 우리가 그들의 장점을 높이 평가하고 그들을 방해하지 않겠다고 약속한다면, 그들은 우리의 지원을 수용할 가능성이 더 높습니다. 우리는 그들에게 다음과 같이 생각해보라고 요청합니다. "만약 당신이 이것을 혼자 처리할 필요가 없다면? 만약에 참자아가 위험을 무릅쓰는 소방관 부분들을 도울 수 있다면?"

이 친해지는 과정 내내, 우리는 관리자가 일어서며 큰 소리로 고함치는 것을 중단시킵니다. 수치감을 불어넣으며, 업신여기는 관리자가 장악하는 경우, 우리는 관리자의 장광설을 즉각 중단시키며, 내담자가 관리자의 가혹한 말을 주목하도록 안내합니다. 심지어 회기 중에 반복적으로 고함을 지르는 부분들도 자신들의 임무를 하고 있는 것뿐입니다. 우리는 이것을 지적하며, 자신의 임무를 잘 수행할 수 있는 그 부분의 능력을 인정합니다. 그리고 그 부분에게 잠시 쉼을 갖고 좀 더 솔직해지라고 요청합니다. 관리자는 정확히 어느 부분을 공격할 필요성을 느끼는지 우리에게 이야기해줄 의향이 있는가? 만약 관리자가 그 부분을 뒤쫓는 것을 중단하면 어떤 일이 일어날까 봐 두려워하는가?

그 밖에, 우리는 관리자들이 소방관 행동을 이해할 수 있도록 도와줍니다. 소방관들이 기꺼이 자신들을 대변하기 전에, 우리는 관리자들에게 소방관들이 보이는 것보다 더 복잡하다는 것을 설명합니다. 관리자들은 내담자가 지금까지 직면하였던 모든 고통, 스트레스, 단절 및 상실을 알고 있습니다. 우리는 소방관들이 항상 그 고통과 스트레스를 완화시키거나 그것들로부터 주의를 다른 곳으로 돌리는 것을 목표로 해왔다고 주장합니다. 그리고 우리는 **모든 이에게 귀를 기울이는** 존재인 참자아가 도와주기 위해 지금 여기에 있다고 말합니다.

마지막으로, 관리자 팀이 새로운 패러다임에 연결하도록 초대합니다. 관리자들은 자신들의 노력이 지금까지 계속해서 역효과를 냈다는 것을 알고 있습니다. 그들은 수치감을 불어넣는 것이 수치심과 취약성을 불러일으키며, 이것이 달래며 약물로 해결하고 싶어하는 소방관을 즉각 활성화시킨다는 것을 알고 있습니다. 그들은 참자아의 인내심과 끈기를 좋아합니다. 그래서 우리는 새로운 방법으로 시도할 것을 제안합니다. 만약 소방관들을 바닥에 메어꽂는 대신 관리자들이 참자아로 하여금 소방관들을 테이블로 초대하도록 허락하여 그들 모두가 식사를 나눌 수 있도록 하는 것은 어떨까요? 만약 소방관들에게 수치감을 불어넣는 대신, 관리자들이 참자아로 하여금 소방관 부분들에게 안전한 피난처를 제공하도록 허락하여 그들이 보호하는 추방자들을 도울 수 있도록 하는 것은 어떨까요?

우리는 이 새로운 존재 방식의 모델을 만들어가면서 관리자들과 동맹을 맺습니다. 이를 위해 그들에게 두 가지를 이야기해주는 것이 도움이 됩니다. (1) 아무도 당신을 통제할 수 없습니다. 만약 관리자들이 참자아가 도움을 줄 수 있도록 허락하였는데 그 결과가 마음에 들지 않는다면, 그들은 언제든지 자신들의 예전 임무로 되돌아가 자신들의 방식대로 일을 할 수 있습니다. (2) 소방관들은 똑같이 생색나지 않는 일을 하면서 똑같이 갇혀 있다고 느낍니다. 부부 치료사가 부부의 열기를 식히기 위해서는 부부 모두의 신뢰를 얻어야 하는 것처럼, 내담자의 참자아는 계속해서 중독 양극성의 중간에 서서, 보호적인 부분들이 그들의 예전 역할에서 벗어나도록 방향을 조정하고 그들이 자신들의 우려 사항을 참자아에게 가져오라고 요청해야 합니다.

다음 사례는 관리자와 친해지는 방법을 보여줍니다. 지나는 10대의 딸과 함께 미국 중서부 교외에서 살고 있는 46세의 루마니아계 미국인으로, 이혼한 이성애자인 시스젠더 어머니였습니다. 그녀는 점점 대마초 사용이 잦아지는 것에 대해 걱정하며 이 회기에 오게 되었습니다. 알고 보니 그녀의 내면비판자는 대마초뿐만 아니라 훨씬 더 많은 것들에 대해 염려하고 있었습니다.

관리자와 친해지기

지나의 관리자 : 저는 끔찍한 한 주를 보냈어요. 기분이 정말 우울해요. 기본적으로 제 자신이 싫어요. 그리고 직장 동료들과 가족 모두에게 지쳤어요. 저는 비참해요. 우리가 지금까지 해오고 있는 것이 전혀 도움이 되지 않고 있는 것 같아요.

치료사 : 아, 정말 비참하게 들리네요. 그동안 그렇게 힘들었다고 하니 안 됐어요! 당신은 그냥 비참할 뿐이라고 하는 것 같아요. 아니면 그것을 이런 식으로 말할 수도 있을 것 같아요 ─ 당신에게는 그냥 비참하다고 느끼는 부분들이 있는 것 같다고. 당신의 부분들이 비참한 느낌을 가질 때는, 네, 아무것도 더 나아지지 않고 있는 것처럼 느껴지지요.

지나의 관리자 : 더 나아지지 않고 있어요. 정말 그래요!

치료사 : 네, 알겠어요. 어느 것 하나 제대로 되어가고 있는 것 같지 않네요. 이번 주에 어떤 일이 특히 힘들었는지 좀 더 얘기해주시겠어요?

지나의 관리자 : 제가 바보같이 직장에서 중요한 일을 하는 것을 잊었어요. 그래서 딸을 데리러 갔을 때, 저는 다른 데 정신이 팔렸어요. 그런데 딸이 이기적이고 제 말을 귀담아들으려고 하지 않았기 때문에 우리는 크게 한판 싸웠어요. 그때 딸이 나와의 대화를 중단하고 자기 방에 숨어버리자, 저는 약물을 사용하기로 결심했어요. 다음 날 아침, 잠에서 깨어났을 때 지옥 같은 기분이었어요. 저는 제가 그렇게 그냥 충동에 굴복했다는 것을 믿을 수 없었어요. 너무 멍청했어요!

치료사 : 힘드셨네요.

> 치료사는 중립을 유지하며 계속 관심을 갖는다.

지나의 관리자 : 그리고 이제 저는 도로 매일 약물을 사용하게 되었어요. 때로는 하루 종일이요! 정말 싫어요. 몇 주 전까지만 해도 컨디션이 훨씬 더 좋았어요.

치료사	: 이번 주에는 마리화나가 주연을 맡았군요. 전에 약물을 사용하고 싶은 충동이 줄었었기 때문에 무서운 느낌이 들 수 있겠네요. 이 모든 것을 부분 언어로 다시 표현해볼까요? (지나가 고개를 끄덕인다.) 이번 주에 직장과 집에서 고통스러웠고, 약물에 취함으로써 당신이 그 모든 것으로부터 벗어날 수 있도록 도와주는 부분이 계속해서 당신에게 고통과 스트레스로부터 잠시나마 해방감을 주고 있다고 이해해요. 동시에 당신의 비판자는 그 소방관의 말을 거부하고 있어요. 핑계 대지말아! 그 비판자 부분은 당신이 또 다시 대마초를 그렇게 많이 사용하는 것에 대해 단지 화가 나고 적개심을 느끼고 있어요. 그렇지요?
지나	: (지나는 고개를 끄덕인다.) 네, 그 부분은 정말로 미친 것 같아요.
치료사	: 잠시 멈추고 함께 심호흡을 몇 차례 하시지요. 그 이야기가 이번 주에는 어떻게 되었는지 들어보면 어떨까요?
지나의 관리자	: (지나는 눈을 감는다.) 이미 말씀드렸듯이, 저는 비참해요. 제가 이 짓을 계속하는 것이 싫어요. (그녀는 눈물을 닦는다.)
치료사	: 비판자는 대마초를 사용하는 부분이 이렇게 위험을 무릅쓰는 것을 싫어한다는 말씀이시죠?

> 치료사는 관리자-소방관의 양극성을 강조한다.

지나의 관리자	: 네, 다시 원점으로 돌아간 것 같아요.
치료사	: 음, 네. 비판자는 당신이 이렇게 약물을 사용하고 있다면 당신은 지금까지 전혀 진전이 없는 거라고 하네요! 대마초를 사용하는 부분은 비판자에게 주의를 기울이고 있나요?
지나	: 네, 그런데 동의하지는 않아요!
치료사	: 그들은 동의하지 않지요. 저는 그 취약하고 외로운 추방자가 이 모든 것을 받아들이고 있는지 궁금하네요. 그 아이의 기분은 어떤가요?

> 치료사는 지나에게 양극화된 보호자들이 추방자에게 미치는 영향에 주목해보라고 요청한다.

지나의 관리자	: 모르겠어요. 너무 우울해요.

치료사	: 분리하는 것이 어려울 수 있겠어요. 우리가 잠시만 비판자에게 그냥 귀를 기울여보면 어떨까요? (지나는 마지못해 고개를 끄덕인다.) 지금 비판적인 부분이 어떻게 감지되었나요?
지나	: 항상 내 머릿속에서 몹시 화난 목소리를 내고 있어요.
치료사	: 지금 들리세요? (지나가 고개를 끄덕인다.) 좋아요, 당신이 들어보니, 그 부분이 당신에게 줄 매우 중요한 메시지를 가지고 있는 것 같다고 이야기해주세요. 비판자는 당신이 그 메시지를 더 잘 들을 수 있도록 자신의 목소리를 조금 낮추어 줄 의향이 있을까요? 우리는 그 부분이 없어지기를 원하는 것이 아니에요. 그냥 그 부분에게 당신이 귀를 기울일 수 있을 만큼의 공간만 달라고 요청하세요. 그런 식으로 하면, 그 부분은 당신이 경청하고 있다는 것을 알아차릴 수도 있어요. 당신은 모든 이에게 귀를 기울이는 존재(참자아)라고 그 부분에게 이야기해주세요.
지나	: 좋아요. 조금 더 조용해졌어요. 그렇게 많이는 아니에요! 제가 약물에 취한 존재가 아니라는 이야기를 들으니 그저 놀랍네요.

> 지나는 약간 분리된 상황을 묘사하고 있다.

치료사	: 맞아요, 당신은 경청하기 위해 여기 있는 존재이지요. 비판자가 대마초를 사용하는 부분을 뒤쫓을 때, 그 부분은 어떻게 도우려고 애쓰고 있는지 물어보세요.
지나	: 대마초를 사용하는 부분은 엉망이 되었고 늘 그렇듯이 통제 불능이라고 하면서, 절대 중단하지 않을 거라고 해요. 하지만 중단해야 해요! 그런데 저는 점점 더 나빠지고 있어요. 직장에서 계속 일을 그르치고 있어요. 그리고 제 딸과의 관계도 좋지 않아요.
치료사	: 요점이 이해되세요? (지나가 고개를 끄덕인다.) 어떤 한 부분이 업무에 대해 심한 두려움에 휩싸였을 때 대마초를 사용하는 부분이 나섰어요. 그리고 비판자는, 딸에게 일이 터졌을 때 화를 냈던 부분에 대해서도 속이 상한 것 같아요. 이 모든 부분들로 인해 바빠지게 되지요! 하지만 비판자에게 당신은 경청하는 존재라는 것을 확신시켜주세요. 옳은 일을 하고 있지 않은 부분이 있나 비판자가 방심하지 않고 경계하고 있다는 것을 당신은 알고 있다고 이야기해주세요.

> 치료사는 지나가 한쪽 편을 들지 않으면서 확실하게 중간을 유지하도록 안내한다.

지나 : 비판자가 제 말을 듣고 있어요.

치료사 : 만약 비판자가 항상 이러한 가혹한 메시지들을 짜내어 타결을 보지 않으면, 어떤 일이 일어날까 봐 두려워하고 있나요?

지나의 관리자 : 뻔하지요! 제 삶은 완전히 궤도를 벗어날 거예요. 전 다시 무너질 거예요.

치료사 : 우리는 그것을 원치 않지요. 비판자가 자신이 맡은 큰 일에 대해 이야기해줄 때, 당신은 지금 그 부분을 향하여 어떤 느낌이 드나요? 비판자는 이 모든 다른 부분들을 감시하며 통제하려고 애쓰고 있어요.

지나 : 그 부분이 해야 할 일이 얼마나 많은 지 알겠어요! 결코 쉬지를 않네요.

> 지나는 자신의 참자아 관점에 접근하고 있다.

치료사 : 만약 비판자가 이 모든 것을 혼자 할 필요가 없다면 어떨까요? 만약 당신이 비판자 편에 서서, 둘이 한 팀이 되어 나머지 다른 부분들을 도울 수 있다면요?

지나 : 비판자는 내가 감당할 수 있을 것 같지 않다고 하네요. 제가 전에 다루어 본 적이 없거든요!

치료사 : 아, 그건 사실이에요. 가끔은 원숭이도 나무에서 떨어질 때가 있지요. 하지만 그런 일이 일어났다고 해서, 당신 때문인 것은 아니에요. 때로는 다른 부분들이 일을 저지르기도 하지요. 당신이 그들을 돕는 큰 일을 떠맡았기 때문에, 앞으로 비판자가 혼자서 그 부분들을 다룰 필요가 없다면 어떨까요?

지나 : 글쎄, 제가 해도 괜찮을 거라고 그래요. 하지만 비판자는 엄청나게 의심하고 있어요.

치료사 : 물론이지요. 신뢰에는 시간과 증거가 필요해요. 당신은 연결을 유지하면서 신뢰를 구축하고 싶은가요? (지나가 고개를 끄덕인다.) 그 비판자는 당신과 관계를 맺고 당신이 그 부분들을 어떻게 다루는지 보고 싶어하나요?

지나 : 네. 도움을 받았으면 한대요. 실제로 지쳐 있다고 하네요. 제가 어떻게든 그 부분들을 도울 수 있다면 좋겠대요. (그녀는 소리 내어 한숨을 쉰다.)

지나는 일주일 동안 실수로 일을 크게 망치고는, 신경이 곤두서서, 딸과 다투고, 대마초를 많이 사용한 후 비참한 기분으로 치료를 받으러 왔습니다. IFS 용어로, 그녀는 부분 공격을 받았습니다. 그녀의 보호자들 간에 긴장이 고조됨에 따라, 그녀는 다시 통제되지 않는 느낌이 들었습니다. 그녀가 힘든 하루를 보낸 후 충동적으로 약물을 사용하자, 비판자는 소방관 부분에게 수치감을 불어넣어 개혁이 이루어지도록 하려는 헛고생을 하려고 싸우러 나아갔습니다. 불행히도 이것은 그녀의 추방자들이 품고 있는 무가치한 느낌을 증폭시켰고 소방관이 대마초의 진정 효과에 더 많이 기대도록 하는 동기를 부여하였습니다. 소방관을 통제하려는 비판자의 필사적인 노력이 사태를 악화시키고 있었기 때문에, 이번 회기에서의 최우선 과제는 소방관이 외로움을 덜 느끼며 지나의 참자아와 더 많이 연결되어 있다는 느낌을 갖도록 도와주는 것이었습니다.

지나가 보여주듯이, 우리는 고집스러운 비판자들과도 대화를 용이하게 할 수 있습니다. 먼저, 우리는 어떻게 그들이 돕고자 애쓰고 있는지 물어봅니다. 중독 시스템에서의 비판자들은 전형적으로 소방관들이 만들어내는 혼란과 재난을 좀 더 방지하기를 원합니다. 이것은 분명히 긍정적인 측면입니다. 관리자 팀이 분리되어 참자아와 지속적인 신뢰 관계를 발전시키면서, 우리는 내담자가 몇 가지 신랄한 질문을 아주 가볍게 그리고 애정을 가지고 할 수 있도록 안내합니다. 이 관리자들은 열심히 일하는 만큼 소방관들의 태도를 고치거나 심지어 그들의 용기를 꺾을 수 있었습니까? 내담자는 자신들의 전술이 효과가 없었기에, 대안을 찾아 보아야겠다는 후회 섞인 인정을 종종 하게 됩니다. 이 길이 열림에 따라, 내담자는 참자아 에너지의 호기심과 침착함을 힘입어 자신들의 관심을 다시 소방관들에게로 가져갈 수 있게 됩니다.

치료사가 내담자의 비판적인 관리자에 대해 내담자에게 할 수 있는 질문

- 이 비판자는 몸 어디에서 등장하나요?

- 그 부분은 어떤 에너지를 가지고 있나요? 어떤 느낌인가요?

- 그 부분이 보이나요? 만약 그렇다면, 어떤 모습인가요?

- 그 부분의 목소리가 들리나요? 그렇다면, 내면에서 들리나요, 아니면 외부에서 들리나요? 그리고 어떻게 들리나요?

내담자가 비판적인 관리자에게 물어볼 수 있는 질문

- 어떤 부분(들)을 공격하고 있나요?

- 어떤 부분들이 가장 걱정되나요?

- ___ 부분을 뒤쫓을 때, 어떻게 도와주고자 애쓰고 있나요?

- 만약 그 부분을 뒤쫓는 것을 중단하면 어떤 일이 일어날까요? 전에 그런 일이 일어나는 것을 본 적이 있나요?

- 만약 소방관들이 겉으로 보이는 것보다 더 복잡하다면 어떨까요? 만약 당신이 이 소방관을 도울 수 있는 또 다른 방법이 있다는 것을 알아, 소방관이 자신의 에너지를 더 나은 방법으로 사용한다면, 당신 마음이 놓일까요?

- 만약 우리가 추방자들을 데리고 나올 수 있고 추방자들이 자신들의 짐을 내려놓을 수 있다고 하더라도, 당신은 여전히 그렇게 열심히 일해야 하나요?

- 내게 어떤 이야기를 하고 싶은가요?

- 몇 살인가요?

- 내가 몇 살로 보이나요?

- 당신이 이 일을 나와 같이 할 수 있고 혼자 할 필요가 없다면 어떨까요?

소방관들에게로 방향 전환하기

내담자가 다시 소방관 부분들에게로 초점을 맞추면서, 어떤 부분들은 너무 담을 높이 쌓아 자동으로 작동하는 것처럼 보인다는 것을 알게 되기도 합니다. 내담자들은 이 부분들의 충동적 욕구와 강박이 자신들로 하여금 새로운 옵션을 시도하지 못하게 한다고 믿을 수도 있습니다. 그러나 실제적으로, 이 소방관 부분들이 협상을 할 수 있는 능력이 없는 것도 아니고 그들에게 영구적으로 접근할 수 없는 것도 아닙니다. 지금까지 아무도 그들에게 다가가지 않았을 뿐입니다. 우리는 직접 접근으로 소방관들과 대화할 수 있습니다.

예를 들어, 아이다는 44세의 폴란드계 미국인이며 독신 시스젠더 여성으로 자신의 음주를 억제하기 위해 처음으로 치료를 받으러 왔습니다. 그녀의 아버지는 아이다가 어렸을 때부터 만성 질환을 가지고 있어 아이다가 주로 간병해오고 있었습니다. 그녀는 한 번에 열흘에서 열이

틀 동안 미친듯이 일하다가 일주일 정도 집에 틀어박혀 쉬지 않고 술을 마시는 패턴을 보인다고 이야기하였습니다. 아이다는 일을 하고 있을 때는 통상적으로 치료를 받으러 왔으나 술을 마시고 있을 때는 항상 회기를 취소하였습니다. 그녀는 자신의 건강을 걱정했지만 자신의 음주 습관을 바꿀 수 없다고 생각하였습니다.

치료사는 그녀에게 관리자와 소방관 팀 사이에 중심이 되는 양극성을 파악해보라고 하였습니다. 그녀의 열심히 일하는 강박적인 관리자 팀에는 일중독 부분, 몇몇 헌신적인 돌보미 부분들, 그리고 술 마신다고 수치감을 불어넣으며 가혹하게 판단하는 비판자 팀이 포함되어 있었습니다. 그녀의 관리자 팀은 강박적인 소방관 팀과 균형을 이루고 있었으며, 소방관 팀에는 한결 같이 술 마시는 부분, 삶이 불공평하다고 생각하는 반항적이며 화난 부분, 그리고 그녀의 강박적인 음주와 업무 습관에 대해 피드백 듣는 것을 애써 피하는 일단의 방어적인 부분들이 포함되어 있었습니다. 그녀는 어렸을 때 외로웠던 기억과 인식을 어느 정도 가지고 있었지만, 자신의 어릴 적 경험에 진정으로 접근한 적이 없었고 자신을 정서적으로 폐쇄된 상태라고 묘사하였습니다.

소방관에게로 방향 전환하기

치료사 : 우리는 지금까지 당신 시스템의 큰 양극성에 초점을 맞춰왔고, 어떻게 내면의 싸움이 계속해서 당신으로 하여금 꼼짝 못하는 느낌이 들도록 만들고 있는지 보았어요. 당신은 냉혹하며 수치감을 불어넣는 관리자들과 어느 정도 공간을 두고 대화를 했는데, 그건 아주 훌륭했어요! 하지만 우리는 오직 술로 해결하려는 부분과는 그 정도로 연결되어 있지 않아요. 지금 당장이라도 우리는 그 부분이 우리와 함께 하도록 초대할 수 있겠어요. 우리 회기에서는 언제든지 그녀(부분)를 환영해요. 그녀가 여기로 와서 당신과 함께 한다면, 우리는 그녀를 알아갈 수 있을 거예요.

아이다 : 제가 술 취한 상태에서 상담실로 와야 한다는 말인가요?

치료사 : 네, 저는 당신뿐만 아니라 그녀와도 얘기할 수 있으면 좋겠어요. 그녀가 술에 취해 있든 그렇지 않든 우리에게 한번 와보라고 진심으로 초대하고 싶어요. 그녀는 지금까지 오랫동안 수치와 숨김을 당해왔어요. 저는 그녀가 따뜻하게 맞아주는 느낌을

경험해보도록 해주고 싶어요.

아이다 : (그녀는 웃으며 어깨를 으쓱한다.) 좋아요, 제가 그 정도는 하겠어요!

치료사 : 하지만 음주 운전은 안 돼요, 아셨죠? 우버나 택시를 이용하세요. (아이다가 고개를 끄덕인다.)

2주 후, 아이다는 회기에 나타나 자신이 그동안 술을 마시고 있었다고 하였습니다. 치료사는 술 마시는 부분을 따뜻이 맞이하였고 지금까지 오랜 동안 판단받고 있었음에도 불구하고 회기에 등장한 그녀의 용기에 찬사를 보냈습니다. 아이다는 그녀의 술 마시는 부분이 치료사와 직접 대화하기를 원한다고 하였는데, 우리는 이것을 명시적 직접 접근이라고 부릅니다.

치료사 : 그러니까 당신은 술을 많이 마시는 아이다 부분이군요. 당신과 대화할 수 있는 기회를 갖게 되어 기뻐요. 당신에 관한 모든 이야기를 듣고 싶어요. 예를 들어, 당신이 술에 관심을 갖게 되었을 때가 몇 살이었나요?

아이다의 술 마시는 부분 : 열세 살 때였어요. 저와 여자 친구들은 어느 날 밤 이 한 친구 집에 있는 주류 보관함에서 보드카 한 병을 꺼내 마시며 밤을 새웠어요. 우리는 그것을 오렌지 주스하고 세븐업과 섞었는데 맛이 아주 좋았어요! 처음으로 재미있게 놀았어요. 우리는 웃고, 집 안을 뛰어다니며 미친 듯이 행동했어요. 정말 즐거웠어요. 다음 날 엄청 아팠고 끔찍했지만, 할 수만 있다면 곧 또 다시 해보고 싶었어요.

치료사 : 어, 이런. 모든 것을 잊어버리고 그냥 제멋대로 사는 아이가 될 수도 있었다는 듯이 들려요. 맞나요? (아이다는 고개를 끄덕인다.) 그리고 당신이 친구들과 즐거운 시간을 보낸 것은 좀 특별했군요.

아이다의 술 마시는 부분 : 아, 네. 우리 아빠는 너무 아팠어요. 이런저런 이유로 제 어린 시절 내내 침대를 떠나지 못하셨어요. 엄마는 아빠 돌보는 것을 싫어했기 때문에, 그 짐이 우리에게로 넘어왔지요. 우리는 학교에서 바로 집으로 와 아빠를 화장실로 데려갔지요. 나는 아빠가 기다리고 있었다는 것을 알았어요. 그건 좀 끔찍했어요.

치료사 : 음. 책임져야 하는 아이다에게는 엄청난 압박이었겠어요. 그래서 당신은 아이다가 약간의 휴식 시간을 가지며, 마음을 편히 갖고, 아이처럼 행동할 수 있도록 도와주었던 부분이었군요.

아이다의 술 마시는 부분 : 그랬던 것 같아요! 그렇지 않았으면 그냥 우울하고 절망적이었을 거예요. 전혀 기대할 것이 없었어요.

치료사 : 맞아요, 그렇다면, 아무것도 나아지지 않을 거라는 절망감에 힘들어 하는, 한층 더 어리거나 더 예민한 부분들이 있었다고 생각하는지요?

아이다의 추방자 : 전 아직도 절망감 가운데 있어요.

> 아이다는 이제 술 마시는 부분과 함께 아파하고 절망감에 휩싸인 추방자와 섞여 있다.

치료사 : 네, 물론이죠. 당신은 지금까지 오랫동안 절망감을 느껴왔어요. 절대 사라지지 않을 것 같지요. 저희가 도와드릴게요. 그런데 조금만 더 기다려주시면 안 될까요? 우리는 먼저 술 마시는 부분의 허락이 필요해요. 괜찮겠어요?

아이다의 추방자 : 네.

치료사 : 좋아요. 고맙습니다. 자, 이제 저는 술 마시는 부분과 다시 이야기를 나누고 싶어요. (아이다 고개를 끄덕인다.) 술 마시는 아이다의 부분으로서, 당신이 음주가 절망감을 침묵하게 만든다는 것을 아시는지 궁금하네요.

아이다의 술 마시는 부분 : 음, 그녀가 술을 마시지 않았다면, 그녀는 비참했을 거라는 것은 알지요.

치료사 : 맞아요. 지금까지 당신은 아이다를 절망감과 비참한 기분이 들지 않도록 보호해 오고 있었어요. 그 부분은 중단하기가 힘들고 무서울 거예요. 당신의 도움이 없으면 안 되었지요! 하지만 이제 아이다

가 그 절망적인 부분을 도와, 그 부분이 그리 외롭지 않고 더 강해
진 느낌이 들 수 있다면, 당신 마음이 놓일까요?

아이다의 술 마시는 부분 : 그럴 것 같아요. 하지만 누가 도와줄 수 있을지 모르겠어요.

치료사   : 맞아요, 그에 대한 증거가 필요할 거예요. 아이다와 제가 당신에게
보여드려야 할 것 같아요. 허락해주시면 보여드리죠.

이 회기는 아이다에게 그녀의 술 마시는 부분의 선한 의도를 알려주고 그 부분이 품고 있는 감
정에 대해 마음을 열도록 해주었습니다. 또한 그녀에게 핵심 추방자를 소개시켜주었습니다.
내담자가 강박 행동을 하는 상태로 회기에 오라고 하거나, 회기 중에도 그 상태를 유지하도록
하는 것은 비전통적인 방법이지만, 이는 우리가 "모든 부분을 환영합니다. 우리는 판단하지 않
습니다."라고 말하는 것이 우리의 진심이란 것을 보여줌으로써 빠르고 강력하게 부분들을 안
심시켜주게 됩니다.

소방관들이 시스템을 이끄는 경우

중독 연속선의 극단에서 내담자의 기능이 매우 손상되었을 때는 소방관과 관리자 사이의 경계
가 불분명해진다는 것을 염두에 둡니다. 이 극단적인 상황에서 중독 프로세스는 사후 반응적
인 활동이 아닌 사전 예방적인 활동이 됩니다. 즐거움이나 탈출에 대한 갈망은 그 습관을 유지
하거나 아픈 느낌을 회피하려는 욕구로 바뀌게 됩니다. 내담자는 이제 제대로 기능하기 위해
강박 활동에 참여할 방법을 찾아야 합니다. 즉, 약물을 구입하거나 다음 번 화대로 사용할 돈
이 어디 있는지 찾는 것입니다. 이를 위해 소방관들은 내담자의 하루를 매 시간, 매 분별로 관
리하는 사전 예방적인 역할을 담당합니다. 그들은 거짓말, 도둑질, 협상 관련하여 놀랍도록 풍
부한 자원을 가지고 있습니다. 신체적, 정서적, 법적, 관계적인 결과들이 누적되면서, 그들은
그 활동을 하기 위해 어떤 장애물들도 피하고자 더욱 열심히 일합니다.

내담자가 이러한 상황에 처했을 때, 우리는 그들이 안전한 환경을 찾을 수 있도록 도와주는 면

에서도 좀 더 선제적으로 대처해야 합니다. 만약 입원 프로그램과 같은 좀 더 집중적인 치료를 할 필요가 있다고 생각한다면, 우리는 이 문제에 대해 내담자와 정직하고 투명하게 이야기를 합니다. 처음부터 많은 부분들이 우리의 메시지에 흥미를 갖고 귀를 기울이지 않는다는 것을 우리는 인정합니다. 버림을 받고, 부서지기 쉬운 부분들에게는 돌봄과 안전에 대해 이야기하고, 관리자 부분들에게는 외부 봉쇄조치가 그들의 마음을 놓이게 할 것이라는 것을 이야기해 줍니다.

우리가 이 길을 택할 때, 보호적인 소방관 부분들은 우리가 버렸거나 배신했다고 비난하며 공격적으로 그리고 경멸하듯이 고함을 지를 수 있습니다. 이 경우, 우리는 아마도 우리 자신의 관리자들이 평온을 유지할 수 있도록 도와야 할 것입니다. 그래야 우리는 내담자가 생존을 원하는—즉, 건강, 안전, 충동으로부터의 자유를 갈망하는—내면의 부분들의 이야기를 들을 수 있도록 안내할 수 있습니다. 우리는 내담자에게 그들이 온전하고, 안정적이며, 정서적 갈등이 없는 느낌을 주는 내부 자원을 가지고 있다고 믿는다는 말을 하고 싶을 수도 있습니다. 내담자가 집중 치료를 고려할 때는 우리는 지원해주는 자원이 되고, 내담자가 입원이나 집중 치료 프로그램을 끝낼 때는 가능하면 도움을 제공할 수 있는 상태를 유지합니다. 여기 한 예가 있습니다.

34세의 리투아니아계 미국인으로 독신 동성애자인 루카스는 최근 소매상 일을 그만두고 돌아와 어머니 집에서 살고 있었습니다. 어머니는 루카스의 매일 음주, 약물 사용, 분노 폭발이 위험하여 심히 염려가 된다고 하며 루카스를 치료받도록 하였습니다. 이 회기가 진행될 때는, 치료사가 루카스를 몇 달 동안 만나고 있었던 때였습니다. 그는 어머니의 염려를 인정하였고 어머니의 의견에 동조하는 일부 관리자들뿐 아니라, 어머니와 함께 사는 것을 좋아하지 않는 부분들도 파악하였습니다. 후자는 그가 또 다른 일자리를 찾아야 한다는 것을 의미하였습니다. 이 부분들은 약물을 즐겨 사용하면서 그것이 그렇게 나쁘다고 생각하지 않는 소방관 부분들과 양극화되어 있었습니다. 그들은 어머니도 술을 많이 마시니 아들을 판단해서는 안 된다고 하였습니다.

루카스는 고등학교 때부터 약물을 사용하기 시작했고, 이따금씩 전문대학에 다녔으며, 직업을 갖고 있기만 하면 소매상에서 일하는 것도 괜찮다고 생각하였습니다. 관계가 안 좋게 끝나는 것에 속상하여, 바로 전 직장을 그만두었습니다. 그의 친구들은 모두 정기적으로 술을 마시고 약물을 사용하였고, 그는 자신이 약물을 사용하지 않는 것은 상상할 수 없었다고 하였습니다. 그는 최근에 늦게 상담실에 나타났고 약속을 몇 차례 지키지 않았으며, 이번 주에는 어머니가 자신을 절도 혐의로 고발한 후 어머니와 격렬하게 싸웠다고 하였습니다. 그는 친구네 소파에서 자고 있었습니다.

사전 예방적인 소방관과 작업하기

치료사 : 꽤 피곤해 보이시네요.

루카스의 소방관 : 피곤해요. 방금 집에 왔는데, 이틀간 집에 들어오지 않았다고 엄마가 제게 엄청 화를 냈어요. 제가 뭘 하든 엄마가 관여할 일이 아니에요. 어쨌든 엄마는 미쳤어요!

치료사 : 어머니께서 제게 전화를 해서 당신이 어머니 돈을 가져갔다는 메시지를 남기셨어요. 엄청 기분이 언짢으신 것 같았어요. 당신이 어머니에게서 돈을 가져갔다면, 어머니에게는 돈이 얼마 없겠네요.

루카스의 소방관 : 엄마가 선생님께 전화했다고요? 도대체 무슨 소리야, 저는 엄마한테서 훔치지 않았어요! 엄마는 항상 내 경우에 −

치료사 : (치료사가 끼어든다.) 어머니는 꽤 분명하게 이야기했어요. 지난 며칠간 어떤 일이 있었는지 좀 더 말해주시겠어요?

루카스의 소방관 : 친구들과 저는 고주망태가 되었던 거예요. 선생님은 어떤 다른 것을 알고 싶으신가요?

치료사 : 당신의 술 마시고 약물을 사용하는 부분들이 며칠 동안 장악했었군요. 그리고 당신의 또 다른 부분이 한번 해보기 위해 어머니한테서 돈을 가져간 것 같습니다. (루카스가 더듬거린다.) 루카스 씨, 요즘 수입이 전혀 없는데, 당신의 약물 사용하는 부분들이 절박해진 것 같네요. 그런데 집에 온 이유가 무엇인가요?

> 치료사는 다른 부분들이 이야기를 해보라고 요청한다.

루카스의 소방관 : 저는 엄마한테서 돈을 가져가지 않았어요! (치료사는 반응하지 않는다.) 저는 왜 집에 왔는지 모르겠어요. 저는 거기를 나오고 싶었어요. 잠이 필요했나 봐요.

치료사	: 좋아요. 당신은 약속 시간에 맞춰 오셨어요. 그럼 제가 지금 들을 내용을 다시 이야기해볼까요? (루카스는 어깨를 으쓱한다.) 약물을 사용하는 부분들이 며칠 동안 당신을 지배했었어요. 그들의 계획을 실행에 옮기기 위해서, 당신이 지금까지 이야기해준 것을 바탕으로 볼 때, 최근 들어 공격적으로 행동해오고 있던 다른 부분이 어머니한테서 돈을 가져갔지요. (루카스는 다시 항의하기 위해 입을 연다.) 제 이야기 끝까지 들어보세요! 그리고 당신의 다른 부분들이 당황하였기 때문에 그 부분은 자신의 그러한 행동을 인정하지 않으려는 거지요.
루카스의 소방관	: 신경쓰지 않아요.
치료사	: 이 폭식이 당신의 몸에 영향을 주었어요. 당신은 지쳐 있어요. 그것이 당신의 기분에도 영향을 끼쳤어요. 당신은 엄마한테도 미친듯이 소리지르고 있어요. 이런 일이 그동안 더 잦아지고 있었어요.
루카스의 소방관	: 이야기했잖아요. 엄마는 술주정뱅이라고. 왜 엄마가 선생님에게 전화를 했겠어요?! 엄마는 단지 제가 집에 함께 있기를 바라고 있어요.
치료사	: (치료사가 부드럽게 끼어든다.) 그래요, 어머니에게는 몇 가지 자신의 진짜 문제가 있어요. 의심의 여지가 없어요. 하지만 당분간 어머니는 논외로 하지요, 괜찮겠어요? 저는 당신의 관점에 더 관심이 있어요.
루카스의 소방관	: 제 생각에는 선생님도 그 문제에 신경 쓰지 마세요. 저는 괜찮아요. 저는 선생님으로부터 이런 소리 듣고 싶지 않아요.
치료사	: 알겠어요. 당신의 파티를 즐기는 부분들은 다른 사람들이 생각하고 느끼는 것에 별로 신경 쓰지 않는다는 것을 알아요. 그들이 자신들만의 방식으로 당신을 돕는다는 것도 알아요. 당신은 친구들과 함께 있는 걸 좋아하고, 약 기운이 돌면 기분이 좋아지지요. 이해합니다. 그리고 저도 당신이 약속 시간에 맞추어 여기 상담실에 왔다는 것을 압니다. 저는 당신의 몇몇 부분들은 단지 약물을 사용하는 것보다 삶에서 더 많은 것을 원한다고 말한 적이 있었던 것을 알아요. 당신의 파티를 즐기는 부분들은 지금 더 많은 위험을 감수하고 있어요. 그들은 그냥 어떤 일이든 저지를 거예요. 하지만 제게는 또한 다른 부분들이 행동하고 있는 것이 보여요. 당신도 때로는 엄마를 돕고자 노력했어요. 그리고 당신은 좋은 친구잖아요. 그리고 당신에게는 아버지는 안 계시고, 아이들은 당신을 왕따시키며, 옷장에 숨는 등, 힘든 시

기를 지나왔던 부분들이 있어요. 당신은 지금까지 많은 것을 겪었어요. 그 래서 잠깐이나마 상당히 지쳐 있거나, 걱정하거나, 혼란에 지친 작은 부분 하나 둘이 있지 않나 하는 생각이 들어요. 당신이 쉬었으면 좋겠다는 것 처럼.

루카스의 소방관 : 이 모든 허튼 소리들을 그만 들었으면 좋겠어요!

치료사 : 당신에게 자신을 방어하고 싶어하는 화난 부분이 있는 것 같아요. 당신의 많은 부분들이 이 어느 것에도 귀를 기울이고 싶어하지 않는다는 것을 이 해해요. 그리고 당신은 그 관계가 잘되어 가기를 정말로 원했고, 가슴 아파 했다는 것도 알아요. 당신은 지금까지 수많은 경우에 강해야 했어요. 파티 를 즐기는 부분들이 당신에게 쉼을 준다는 것을 알고 있어요. 그리고 당신 이 단지 약물을 사용하고 고주망태가 되는 사람은 아니라는 것을 알아요. 저의 약물 상담자 부분들을 대변한다면, 저는 지금 당장 약물 사용에 초점 을 맞추고는 걱정된다고 말할 거예요. 당신이 어머니에게 크게 실망한 것 은 알고 있어요. 하지만 어머니는 당신을 염려하고 있어요. 위험은 점점 더 커지는데, 당신은 심지어 인정하고 싶지도 않은, 도둑질 같은 것에 부분들 이 연루되는 것으로 보여요. 분명히 저 역시 그 모든 것을 알지는 못해요. 제 경험으로는 그 부분들은 어떻게든 당신이 약물에 취할 수 있도록 하지 만, 결국 당신은 자신에 대해 한층 더 좋지 않은 기분만 갖게 되지요.

루카스의 소방관 : 저는 괜찮아요. 선생님은 저에 대해 걱정할 필요가 없어요. 이건 헛소리예 요! 전 일어나겠어요.

치료사 : 물론, 일어나셔도 돼요. 제 부분들이 당신을 염려하고 있어서, 우리가 이야 기했던 치료 센터의 이름을 문자로 보내드릴 테니 갖고 계세요. 전 거기 있 는 사람들을 알아요. 그곳에는 몇 가지 다른 프로그램들이 있으니 체크해 보세요. 제가 말씀드렸듯이, 위험은 점점 커지는데 당신은 지금 더 큰 위험 을 감수하고 있어요. 저는 당신이 염려가 돼요, 그리고 저 혼자만 그런 것 이 아니에요. 당신의 많은 부분들은 약물 사용을 중단하고 싶어하지 않으 며, 그들은 당신이 치료 센터에서나 중단하기를 바란다고 알고 있어요. 당 신에게는 쉼을 원하는 다른 부분들도 있다는 것을 알아요. 루카스 씨, 이렇 게 힘들어야 할 필요가 없어요. 할 수 있는 다른 방법들이 있어요. 제게 문 자를 보내셔도 돼요. 계속 만날 수 있으면 좋겠어요. 아니면 당신이 한동안

쉴 수 있는 센터에 문자를 보내셔도 돼요. (루카스는 문을 쾅 닫으며 걸어 나
간다.)

루카스는 몇 주 더 계속해서 약물을 심하게 사용하면서, 때때로 치료사에게 전화하거나 문자를 보냈지만 약속 시간에 나타나지는 않았습니다. 치료사가 그와 몇 분 동안 전화 통화를 하였을 때, 계속해서 그의 부분들에게 귀를 기울이니, 어떤 부분들은 다른 삶이 필요하다고 하고, 또 어떤 부분들은 약물을 계속 사용하고 싶다고 하였습니다. 치료사 역시 그의 약물 사용하는 부분들이 그를 도우려 애쓰고 있는 것을 확신하고는 그들도 쉼이 필요하지 않은지 궁금해하였습니다. 한 달 후, 루카스는 절도죄로 체포되었습니다. 그는 약물 중독 치료를 받기로 하고 한 지역 센터로 옮겨졌습니다. 그 후 그는 사회복귀훈련소(halfway house)에 들어가 일자리를 찾아 보았고 전의 IFS 치료사에게로 돌아왔습니다.

치료에 복귀한 후, 루카스와 그의 치료사는 그의 약물 사용 부분들과 인터뷰하고는 이 부분들이 버림받고 상처받은 추방자들로부터 그를 떼어놓거나 추방자들을 약물 치료하고자 하는 욕구가 분명하다는 것을 파악하였습니다. 그는 재발에 대해 궁금해하였고 그의 약물 사용 부분들이 관심을 필요로 하는 추방자들에 대한 메시지를 그에게 전하고 싶어한다는 것을 발견하였습니다. 그는, 자신 안에 있는 돌보며 고분고분한 관리자들이 어머니와의 갈등 혹은 어떤 친구들과의 갈등을 피하기 위해 노력할 때, 약물 사용 부분들이 그가 좀 더 자율적이기를 바란다는 사실을 알게 되었습니다. 그는 또한 한 LGBTQ+ 알코올 중독자 치료(AA) 모임과 연결이 되어, 이 모임은 그에게 지지적인 새로운 사회 공동체를 제공하였습니다.

그의 약물 사용 부분 하나하나에 귀를 기울임으로써, 루카스는 미래에 대한 자신의 비전을 만들 수 있었습니다. 그의 부분 중 일부는 AA의 금주 철학과 일치하였지만, 그에게는 여전히 대마초를 피우고 때때로 친구들과 함께 긴장을 풀고 싶어하는 다른 부분들이 있었습니다. 그가 가끔 대마초를 사용했기 때문에 아무도 그를 지지하려 하지 않았지만, 그는 AA의 깨끗하고 맑은 정신이라는 구호를 철저히 따르지 않고 자신들만의 생산적이고 균형 잡힌 삶의 버전을 실험하고 있는 다른 AA 친구들을 발견하였습니다.

추방자 개입

내담자들은 내면에 초점을 맞출 때마다, 추방자들의 억압되어 있던 기억과 감정에 휩싸일 수 있습니다. 이것을 추방자 탈옥(exile jailbreak)이라고 부릅니다. 이에 대응하여, 소방관들은 즉각적으로 활성화됩니다. 그들은 주의를 분산시키거나 (예를 들어, 해리를 통해) 달래는 모종의 방법을 찾기 시작할 수도 있습니다(초콜릿 먹고 싶다!). 한편 관리자들은 불안해져 비난하기 시작합니다. 슈워츠가 말했듯이, 우리의 임무는 폭풍의 눈이 되는 것입니다. 따라서 우리는 보호자들에게, 우리가 추방자를 안심시키고 추방자가 기다리도록 설득할 수 있게 해달라고 요청합니다.

예를 들어, 35세의 슬로베니아계 미국인인 이리나는 파트너 생활하는 성 중립적인 사람으로, 처음에는 외상 후 스트레스 장애와 만성적인 제한적 섭식 패턴을 치료하기 위해 내방하였습니다. 지난 여러 회기에서 대부분의 보호자들은 분리하는 것에 동의했지만, 그들이 어린 추방자들에게 접근할 때마다 한 해리 부분은 즉시 섞이곤 하였습니다. 이로 인해 이리나는 집중을 할 수 없었고, 질문에 대답을 하지 못하였습니다. 이번 회기에는 해리 부분이 마침내 장악을 자제하기로 동의했고, 이리나는 빠르게 심호흡을 하기 시작하였습니다.

추방자를 위한 개입

치료사 : 듣고 계세요? 이리나 씨. 공황 상태 부분이 장악한 것 같네요. 제가 그 부분과 직접 대화할게요. 준비되셨어요? (이리나가 고개를 끄덕인다.) 도와드려도 될까요? (이리나가 고개를 끄덕인다.) 좋아요. 당신(공황 상태 부분)은 여기서 환영받아요. 우리는 당신을 돕고 싶어요. 확실히 우리가 당신을 도울 수 있도록 이렇게 해주시면 좋을 것 같아요. 듣고 계신가요? (이리나가 고개를 끄덕인다.) 좋아요. 이리나와 약간의 거리를 두어 보세요. 당신이 그들(치료사와 내담자의 참자아)을 아주 조금이라도 들여보내신다면, 그들이 당신을 도울 수 있겠어요.

> 치료사는 공황 상태의 추방자와 연결하기 위해 명시적 직접 접근을 사용한다.

이리나 : (그들은 표정이 바뀌어 더 평온해 보이기 시작한다.) 네.

치료사 : 어때요?

이리나 : 나아졌어요.

치료사 : 이제 이 공황 상태 부분을 향하여 어떤 느낌이 드세요?

이리나 : 이제 숨을 쉴 수 있어서 기뻐요.

치료사 : 그 부분이 당신 말을 듣고 있나요? (이리나가 고개를 끄덕인다.) 그 공황 상태 부분을 향하여 어떤 느낌이 드세요?

이리나 : 그 부분을 돕고 싶어요.

> 이리나는 이제 그들(자신과 치료사)의 참자아에 접근한다.

치료사 : 그 공황 상태 부분이 당신에게서 무엇을 필요로 하는지 물어보세요.

이리나 : 관심이래요.

> 이리나의 보호자들은, 추방자가 이리나가 실제로 제공할 수 있는 것만을 필요로 한다는 이야기를 듣고 있다. 이 말을 듣고 그들은 진정된다.

치료사 : 그 부분이 필요로 하는 관심을 당신이 보여줄 수 있도록 당신이 보호자를 석득할 터인데 그동안 그 부분이 참고 기다릴 용의가 있을까요? (이리나는 고개를 끄덕인다.) 좋아요. 지금 당장 거래를 성사시키려면 무엇이 필요한가요?

이리나 : 내가 정말 되돌아올 거라는 걸 확인하고 싶대요.

치료사 : 우리가 잊어버리지 않을게요. 당신은 돌아올 거예요. 그 부분이 안전한 곳으로 가서 당신을 기다리고 싶어하나요?

이리나 : 네.

치료사 : 적당한 장소를 찾을 수 있도록 도와주세요, 이리나 씨.

이리나 : 네.

치료사 : 이해하셨어요?

이리나 : 네.

보호자들이 추방자들로 하여금 자신의 이야기를 하도록 할 준비가 되지 않았더라도—즉, 보호자가 허가하지 않았더라도—어쨌든 추방자가 섞여 있다면 우리는 개입해야 합니다. 우리는 그 부분과 직접 대화하며, 그 부분이 분리되도록 설득하고 그 부분이 갈망하는 관심을 우리가 잊지 않고 기울여주겠다고 약속합니다. 동시에 이 기회를 통해서 보호자들은 추방자들에게도 의제가 있고, 그들이 원하는 것을 얻는다면 시스템을 압도하지 않을 것이라는 알게 됩니다.

추방자들과의 일방적 연결

추방자들은 의식 저변에 있는 자신들의 위치에 걸맞는 은밀한 방식으로 치료 초기부터 나타날 수 있습니다. 예를 들어, 그들은 종종 내담자의 현재 이야기에 끼어들어 내담자의 관심을 과거로 돌립니다. 내담자가 직장에서 스트레스를 많이 받았던 사건을 이야기하다가 기억의 중요성을 전혀 인식하지 못한 채 단도직입적으로 과거 시간으로 방향을 전환하는 것(…아버지는 떠나고 어머니가 무너져 내렸을 때…)이 한 예입니다.

이렇게 추방자가 튀어나오면, 우리는 잠깐 중단하고 주목하며, 이 연결 기회를 최대한 활용하여 추방자를 회기로 초대합니다. 만약 내담자가 충분한 참자아 에너지를 가지고 있다면, 우리는 내담자들이 추방자에게 '우리가 지금 당신의 모든 이야기를 듣지는 않겠지만, 그것이 중요하다는 것을 알며, 모든 부분들이 동의하는 즉시 그 이야기를 듣도록 하겠다'고 이야기하도록 안내할 수도 있습니다. 우리는 보호자들이 준비되기 전에 이 시작점들을 적극적으로 추적하기를 원하지는 않으나, 짧은 시간이더라도 따뜻한 접촉이 되도록 할 수는 있습니다. 치료의 성공은 이 부분들과 안전하게 연결하는 것에 달려 있습니다. 괜찮다고 생각되면, 내담자는 다음과 같이 묻고 싶을 수도 있습니다. "오늘만이라도 당신 자신에 대해 제게 꼭 이야기하고 싶은 것, 한 가지가 있으신가요?"

그 밖에, 내담자가 취약하다고 느끼고 있으나 아직 알아차리지 못한 것 같으면, 아마도 추방자가 등장하고 있는 것입니다. 이런 경우에 우리는 이렇게 말할 수 있습니다. "우리는 당신과 파트너와의 관계, 그리고 파트너의 최근 약물 사용에 대해 논의해오고 있었어요. 아직 당신이 이것을 언급하지는 않았지만, 당신의 좌절감 저변에는 슬퍼하는 부분이 있는 것 같아요. 그게 가능한가요?" 그런 다음, 우리는 내담자에게 잠깐 멈추고 내면에 집중해보라고 합니다. 만약 내담자가 슬픔이 느껴지지 않는다고 하면, 우리는 당분간 내려놓습니다. 만약 내담자가 잠깐이라도 그 느낌을 알아차린다면, 우리는 내담자들로 하여금 그들이 슬픔을 느끼고 있으며, 슬퍼하는 부분이 있다는 것을 인지하고 있음을 그 부분에게 이야기해주라고 안내합니다.

내담자가 자신의 슬퍼하는 부분과 연결될 때, 어떤 이미지가 나타날 수도 있고, 단순히 슬픔에 따라오는 감각을 느낄 수도 있습니다. 다시 강조하지만, 참자아 에너지가 충분히 있다면, 우리는 내담자가 그 슬퍼하는 추방자와 조금 더 오래 함께 하며 짧은 대화를 갖도록 안내합니다. 우리는 내담자로 하여금 추방자에게 시스템을 압도하지 말아 달라고 요청하라고 안내하여 보호자들이 추방자를 신뢰하고, 누군가가 추방자의 이야기를 들어줄 수 있는 기회를 그에게 줄 수 있도록 합니다. 만약 슬픔이 내담자를 뒤덮기 시작하는 경우, 우리는 만약 슬퍼하는 부분이 분리된다면 어떤 일이 일어나겠는지 추방자에게 물어볼 수 있습니다. 추방자들은 다시 잊힐까 봐 두려워하기 때문에 종종 감정을 마구 쏟아 놓습니다. 그들은 아직 참자아를 신뢰하지 않으며, 그들은 완전히 퍼붓는 것만이 자신들이 주목받을 수 있는 유일한 방법이라고 생각하고 있습니다. 치료사로서 우리는, 내담자가 추방자의 두려움을 확인하도록 도우며, 협조를 요청하고 다시 돌아오겠다는 약속을 하면서, 우리 자신의 부분들과의 작업을 통해 현재에 머물며 연결 상태를 유지해야 합니다.

그런 다음 우리는 내담자에게 이 취약한 추방자가 언제 어떻게 처음으로 모습을 드러냈는지 파악하도록 지시합니다. (내 파트너가 항상 약물을 사용하는 것이 화가 나고 슬퍼요, 그리고는 아빠가 떠났을 때 내가 얼마나 슬퍼했었는지 생각났어요.) 그러면 내담자는 자신의 패턴(슬픔, 외로움, 부끄러움 등)을 추적하고 그러한 감정이 현재의 행동과 어떻게 연결되는지 주목합니다. 보호자들은 추방자들이 더 많은 판단과 상처에 노출되는 것을 극도로 두려워하기 때문에 참자아에 대해 좋은 인상을 가지고 나서야 추방된 부분들과 참자아가 완전한 연결이 이루어지도록 허용할 것입니다. 일방적 연결—안전한 관계 맺기의 모본이라고 할 수 있는 내담자의 참자아와 추방자 간의 교류의 끈—의 순간을 관찰함으로써 보호자들은 더욱 편안한 느낌을 갖게 됩니다. 이것은 추방자가 적절한 순간에 자신의 이야기를 할 수 있는 무대를 마련해줍니다.

이것이 실제로 어떤 모습인지 보기 위해서 그레이엄의 케이스를 생각해봅니다. 그레이엄은 52세의 스코틀랜드계 미국인으로 이성애자이며, 대학생인 두 아들의 시스젠더 아버지였습니다. 그는 돌아가신 어머니가 만성적인 우울증을 가지고 있었고, 현재 요양원에 있는 아버지는 권위주의적이고 가혹한 사람이라고 묘사하였습니다.

10대에 스코틀랜드에서 미국으로 이주한 후, 그레이엄은 대학을 다녔고, 소프트웨어 개발 분야에서 경력을 쌓아갔고, 20대에 결혼하였습니다. 그는 또한 같은 시기에 포르노에 집착하게 되었는데, 이것은 수년에 걸쳐서 점점 심해졌고 매춘업소에 정기적으로 방문하게 되었습니다. 포르노 사용에 대한 지속적인 논쟁과, 본인은 부인하고 있었지만 매춘업소 방문에 대한 아내의 의혹 때문에 아내와는 3년 전에 이혼하였습니다.

그 후 그레이엄은 12단계 모임에 참석하기로 결정했고, 포르노와 매춘업소 방문을 끊고 맑은 정신을 유지하겠다는 명시적 의사표시를 하고 온라인 지원 그룹에 참석하였습니다. 그는 이러한 기대로 기분이 괜찮다고 하였지만, 여전히 외로움과 수치감의 감정과 싸우고 있었습니다. 이번 회기로, 그는 약 6개월간 치료를 받고 있었습니다.

추방자와의 일방적 연결

그레이엄 : 이번 주는 정말로 우울했어요. 직장에서 마무리 지어야 할 일이 있어서 압박감이 심했어요. 늘 그렇듯이 내게 끔찍하게 대했던 아버지를 만나러 갔었어요. 아버지는 정말 못된 사람이에요. 제가 왜 가는지 모르겠어요. 내 관리자 부분이 나보고 아버지를 만나야 한다고 하는 것 같아요.

치료사 : 그 부분은 옳은 일을 하고자 애쓰고 있는 것으로 들리기는 하는데, 하지만 큰 대가가 따르게 돼요. 당신의 아주 예민한 부분들에게는 아버지 곁에 있다는 사실만으로도 정말 힘들지요.

그레이엄의 관리자 : 아버지는 못된 사람이에요. 항상 간호사들에게 소리질러요. 항상 저를 비판하고요. 저는 포르노 같은 것에 대해서는 절대 이야기하지 않았는데 아시는 것 같아요. 며칠 전에 아버지는 제게 말했어요. 아버지 엄마의 이혼이 저, 그레이엄의 잘못이며 제가 엄마를 쫓아냈다고!

치료사 : 아버지와 함께 시간을 보내는 것이 힘들기는 해도, 충성심을 유지하시네요. 그게 혼란스러운가요? (그레이엄이 고개를 끄덕인다.) 이 부분들을 확인해보도록 하지요. 아버지를 만나야 한다는 말하는 부분이 있는가 하면, 아버지로 인해 항상 상처받은 느낌을 갖는 부분들도 있다고 하셨어요.

치료사는 소외감을 느끼는 부분들과 많은 권력을 휘두르는, 충성스럽고 어리지만,
부모화된 부분 간의 양극성을 거론한다.

그레이엄 : 네, 그렇게 하시지요.

치료사 : 숨을 몇 번 쉬고, 내면에서 아버지를 만나야 한다고 말하는 부분에 초점을 맞추세요. 그 부분이 뭐라고 하나요?

그레이엄의 관리자 : 저는 아버지에게 빚을 졌어요. 아버지를 거기에 혼자 내버려 둘 수는 없어요.

이는 부모화된 어린 관리자이다.

치료사 : 이 부분을 향하여 어떤 느낌이 드세요, 그레이엄 씨?

그레이엄의 추방자 : 마음에 안 들어요. 갇혀있는 것 같아요.

치료사 : 그건 또 다른 부분이에요. 그 부분은 갇혀있는 것 같고 예민한 듯 하네요.

그레이엄 : 제가 아이였을 때, 아버지는 제가 숙제를 하던 테이블로 오셔서 옆에서 지켜보곤 하셨어요. 가끔은 제 과제물을 낚아채고는 내가 형편없고, 제대로 열심히 하지도 않았다고 소리를 지르곤 하셨어요.

치료사 : 와, 거칠군요. 당신은 어렸었는데. 아이가 이것을 당신에게 보여주고 있나요? (그레이엄이 고개를 끄덕인다.) 그 아이가 보이세요?

그레이엄의 추방자는 자신의 경험을 보여주기 시작했고 그레이엄은 안전하게 계속할 만큼의 충분한 참자아 에너지를 가지고 있다.

그레이엄 : 그 아이는 겁에 질려 있어요.

치료사 : 아이가 보인다고 아이에게 이야기해주세요. 그 당시에 아버지는 크고 무서웠어요. 하지만 부분이 그 당시에 머물어야 할 필요는 없어요. 원한다면 당신 곁에 있을 수도 있어요.

그레이엄 : 아이가 나를 보네요.

치료사 : 아이를 향하여 어떤 느낌이 드세요?

그레이엄 : 아이가 안 됐어요. 조그만 아이예요.

치료사 : 당신을 바라보라고 하세요. 그리고 당신이 아이에 관심을 가지고 있다고

이야기해주세요. 당신의 마음은 열려 있어요.

> 치료사는 참자아-부분 연결을 촉진시킨다.

그레이엄 : 아이가 좋아하네요.

치료사 : 오늘 아이의 이야기를 다 들을 수는 없지만, 우리는 듣고 싶어하며, 계속 들르겠다고 이야기해주세요. 아이가 당장 당신에게 들려주고 싶어하는 한 가지가 있나요?

그레이엄 : (아이는 주의 깊게 듣고 있다.) 아이는 아버지의 기분을 좋게 하기 위해 열심히 노력하고 있었어요. 하지만 아이는 항상 무서워하고 있었어요.

치료사 : 이해가 되시나요? (그레이엄이 고개를 끄덕인다.) 아이는 열심히 노력했어요. 우리는 나중에 아이에게 들를 거예요. 아이는 그때까지 어딘가 안전한 곳에서 기다리고 싶어하나요?

그레이엄 : 내 곁에 있고 싶어해요.

치료사 : 좋아요. 아이를 당신 곁에 두세요.

그레이엄 : 아이는 담요를 뒤집어쓰고 웅크리고 내 방에서 자고 싶대요.

치료사 : 정말 좋아요. 이제 잠시 시간을 내어, 당신에게 아버지에 대한 의무가 있다고 말하는 관리자 부분에게로 돌아가시지요. 그 부분은 당신이 아이를 돕고 있는 것을 주의 깊게 보았나요?

그레이엄 : 네. 이제 좀 더 진정되었어요.

치료사 : 좋습니다. 그 부분에게, 당분간 한걸음 뒤로 물러나 당신이 그 취약한 작은 아이에게로 다가갈 수 있도록 믿어줘서 고맙다고 해주세요.

그레이엄 : 네, 그러지요. 내가 그 아이를 돌봐주기를 바란대요.

이 회기에서 그레이엄은 추방자를 알게 되고, 그의 참자아는 이 추방자의 보호자들과 연결됨으로써 그는 더 안정감을 느끼게 되었습니다. 관리자와 소방관 모두는 참자아가 등장하여 취약한 부분들을 안정적으로 도울 것이라는 지속적인 확신이 필요합니다. 그레이엄의 사례에는 '데리고 나오기'라고 불리는 일반적인 IFS 개입이 포함되어 있습니다(Schwartz & Sweezy,

2020). 그레이엄은 그들이 다시 연결될 수 있을 때까지 자신의 어린아이가 안전한 곳에서 기다리라고 초대했다는 것에 주목합니다. 이미지 작업을 통해 취약한 부분이 정서적으로 강렬하거나 위험한 장면을 벗어나 안전한 곳에 정착시키도록 안내하는 것은 내면 시스템 안정성을 높이고 참자아에 대한 신뢰를 공고히 하는 놀랍도록 효과적인 수단입니다. 짧지만 성공적인 일방적 연결을 제공함으로써 보다 완전한 양방향 관계를 발전시킬 수 있는 길을 열어줍니다.

추방자와의 양방향 연결

일방적 연결은 추방자에게 참자아를 소개하고 참자아가 보호적인 부분이 아니라는 것을 추방자가 알 수 있도록 도와줍니다. 참자아는 단순히 다음과 같이 말할 수도 있습니다. "이봐요! 나, 여기 있어요, 나는 관심을 갖고 있어요. 당신을 더 잘 알아가고 싶어요." 반면에 참자아-추방자의 양방향 연결은 더 복잡합니다. 보호자들은 참자아에 의해 인정받고 이해받는 느낌을 반복적으로 경험하였기에 (아마도 주의를 기울이고 지지해줄 수 있는 내면의 누군가를 내가 실제로 의지할 수 있을 수 있겠다!), 더 오랜 기간 긴장을 늦출 수 있게 됩니다. 이것은 추방자가 테이블에 자리를 잡을 수 있게 해줍니다. 의사소통은 더 잘 흐르고 참자아는 자신이 안정적이고 꾸준한 자원이라는 것을 증명할 기회를 갖게 됩니다.

보호자들이 참자아가 활동하는 것을 보고 한걸음 물러서면서, 추방자는 자신의 욕구를 대변하는 것에 대해 더 대담해집니다. 참자아를 목격자로 하여, 추방자는 오랜 기간 연결을 경험합니다. 때로는 한 회기 이상 지속되며, 이것은 그 부분이 지금까지 항상 필요했던 긍휼의 마음, 안전, 그리고 확신을 제공합니다. 이것은 결국 낙관과 희망을 가져옵니다. 좀 더 복잡한 내적 연결을 할 수 있도록 내담자 역량을 구축하는 것은 근육을 강화시키는 것과 유사합니다. 한결같은 참자아-부분 연결은 새로운 본보기를 만들고 내면 시스템 전반에 걸쳐 참자아에 대한 신뢰를 북돋우게 됩니다.

예를 들어, 제이미는 45세의 독신, 레즈비언이며, 시스젠더, 아일랜드 이민자였습니다. 그녀는 교사로 일했고 혼자 살았으며, 여러 해 동안 친밀한 관계를 맺지 않고 있었습니다. 그녀는 항상 자신이 과체중이라고 생각했고 지난해에 어머니께서 돌아가신 이후로 과식 및 우울증과 씨름을 해오고 있다고 하였습니다. 그녀는 위안을 얻기 위해 먹는 부분과 오랫동안 양극화 상태에 있었던 내면비판자 팀과 좋은 관계를 구축했습니다.

치료는 그녀의 우울한 기분을 덜어주도록 도와주고 있었지만, 그녀는 여전히 저녁과 주말에 이른바 "먹는 황홀경(eating trance)"에 빠졌습니다. 그녀는 먹는 것으로 위안을 삼는 여덟 살짜리 소방관 — 식품저장소에 숨어 몰래 간식을 먹기 좋아하는 소녀 — 을 파악하였습니다. 그 아이는 엄마의 내면비판자와 자기 자신의 내면비판자에 의해 수십 년 동안 거부당하고 수치를 당했던 매우 어린 보호자였습니다. 치료하는 동안 제이미는 자신의 비판자가 상당히 누그러지도록 도와주었지만 완전히 누그러지지는 않았습니다. 그들은 여전히 또 다른 여덟 살짜리 부분 — 슬프고 방치되어 많은 고통 가운데 있는 작은 소녀 — 을 보호하고 있었습니다. 이 회기에서 제이미는 두 명의 여덟 살짜리와 양방향 연결을 구축하였습니다.

추방자와의 양방향 연결

제이미 : 그 어린 먹는 부분에게 가야겠요. 아이는 관심이 필요해요. 주말 동안에 너무 많이 먹었어요!

치료사 : 좋아요. 주말에 먹는 얘기를 하면서 먹는 것으로 위안을 삼는 부분이 보였나요? 아니면 지금 어떤 방식으로든 아이가 느껴지나요?

제이미 : 글쎄요, 먹는 것을 아주 혐오하는 비판자가 느껴져요. 하지만 이해해요! 저는 그렇게 많이 먹는 것을 비판자가 왜 걱정하는지 이해해요. 아이가 제 말을 듣고 있어요. 아이가 한걸음 뒤로 물러나고 있네요.

치료사 : 좋아요, 먹고 싶어하는 소녀가 보이거나 느껴지나요?

제이미 : 부엌에서 칩과 소스가 들어있는 봉지들을 들고 서 있는 제 모습이 보여요.

치료사 : 좋아요. 당신이 아이를 보고 있다고 이야기해주세요.

제이미 : 내가 여기 있고 아이를 보고 있다고 말해주고 있어요.

치료사 : 아이를 향하여 어떤 느낌이 드세요?

제이미 : 안 됐어요. 아이는 절박한 듯이 보여요.

치료사 : 어떤 방식으로든 당신이 관심을 갖고 있다는 것을 아이에게 보여주세요. (치료사가 잠시 멈춘다.) 아이가 당신과 이야기할 의향이 있는지 물어보세요.

제이미 : 네. 아이는 부엌에 있는 것이 지겹다고 하네요.

치료사 : 아이에게 당신과 함께 다른 곳으로 가보지 않겠는지 알아보세요. (제이미는 고개를

끄덕인다.) 그리고 만약 괜찮다고 생각되면, 간식거리를 가져갈 수도 있다고 이야기
해주세요.

> 치료사는 제이미에게 바뀌라고 요구하지 않고, 있는 모습 그대로 소방관을 환영할
> 것을 제안한다.

제이미: 정말이에요? 그래도 괜찮아요? (그녀의 눈에 눈물이 고인다.) 아이는 믿지 못하겠대
요! 나와 함께 먹는 것이 정말 괜찮다는 것을 믿지 못하겠대요. 아이가 칩을 가지고
오고 있어요.

치료사: 당신은 어떻게 반응하나요?

제이미: 아이에게 괜찮다고 이야기해주고 있어요. 아이도 좋다고 하고, 나도 아이와, 그리고
아이가 좋아하는 음식과 함께 있는 것이 좋아요!

치료사: 맞아요, 당신이 아이를 배려하고 있군요.

제이미: (한동안 침묵한 후) 아이는 겨우 여덟 살이잖아요.

치료사: 아이는 어떻게 돕고자 애쓰고 있나요?

제이미: 아이는 나를 위로하고 있어요. 내가 외롭다는 것을 안다고 하네요.

치료사: 당신의 또 다른 부분이 외로워하고 위로가 필요하군요. 아이가 그 부분을 알고 있
나요?

제이미: 네. 사실은 또 다른 여덟 살짜리 아이예요. 엄마는 TV를 보면서 그 아이에게 눈길
을 주지 않았대요.

치료사: 이 아이는 당신이 보인대요?

제이미: 네. 내 눈에 그 아이가 보이고, 그 아이도 내가 보인대요. 너무 안 됐어요. 무언가 입
안 가득 물고 있어요. 아이는 너무도 절박하게 음식이 필요하지만 들킬까 봐 두려워
하고 있어요!

치료사: 두 명의 여자아이가 있죠, 제이미 씨? 슬프고 외로워하는 아이와 위안을 얻고자 폭
식하면서 그 아이를 보호해주는 아이요.

제이미: 그들은 쌍둥이에요.

치료사: 그들은 당신이 자신들과 함께 식료품 저장소에 있기를 원하나요? (제이미가 고개를
끄덕인다.) 그들은 당신과 함께 있으면 안전하지요. 그들이 그걸 느끼나요? (제이미
는 눈물을 글썽이며 고개를 끄덕인다.) 눈물이 보이네요, 제이미 씨. 기분이 어떠세요?

제이미: 그들과 함께 있으니 좋아요. 하지만 안 됐다는 느낌도 들어요. 그들은 항상 슬펐던

것 같아요.

치료사 : 그들의 슬픔과 절박함이 느껴진다고 이야기해주세요. 그들은 당신에게 그 당시의 어떤 사건을 이야기해주고 싶어하나요?

제이미 : 어쩔 수 없었대요. 식료품 저장소에 숨는 것을 좋아했대요. 냄새도 좋고 포근했지만, 엄마는 아이가 거기서 먹는 것을 원하지 않았어요. 엄마는 화가 나서 가버리곤 해서 그들은 항상 들킬까 봐 두려워했다고 하네요.

치료사 : 그들은 식료품 저장소와 음식이 가져다주는 위안이 필요했네요. 먹으면 슬프고 외로워하는 아이의 기분이 조금 나아지긴 했지만 엄마가 무서웠군요. 당신이 그들 곁에 있다는 것을 그들이 느낄 수 있도록 함께 몇 번 숨을 쉬세요.

제이미 : 내가 느껴진다고 하네요. 이번에는 다르대요.

치료사 : 이 기회에 기꺼이 당신과 함께 하겠다고 하니 그들에게 고맙다고 이야기해주세요. 엄마가 그들을 괴롭히지 못하도록 식료품 저장소를 어디 안전한 곳으로 옮길까요? (제이미는 고개를 끄덕인다.) 어디에 갖다 놓을까요?

제이미 : 달에요.

치료사 : 좋아요. 그들과 식료품 저장소를 달에 두고 돌아오겠다고 이야기해주세요. 이번 주에 그들과 계속 연락이 닿을 수 있을까요? (제이미는 고개를 끄덕인다.) 좋아요, 그렇게 준비하세요.

> 치료사는 내담자에게 어린 소녀들을 데리고 나와 더 안전한 장소로 옮길 계획을 세우라고 권한다.

제이미 : (잠시 멈추었다가 고개를 끄덕인다.) 그들 기분이 조금 나아졌대요. 그들은 제가 도울 수 있다는 것을 알고 안도감이 느껴진답니다.

치료사 : 네. 먹는 것으로 위안을 얻는 아이가 슬퍼하는 아이를 보호하려고 그동안 혼자서 애를 써왔어요. 만약 앞으로 슬퍼하는 아이가 곁에 당신이 있을 거라고 기대할 수 있다면 어떨까요?

제이미 : 그건 확실히 모르겠대요. 함께 있는 것이 좋다고 해요.

치료사 : 맞아요. 물론이죠. 그들이 함께 있고 싶다면 우리는 그들을 떼어놓고 싶지는 않아요. 그들은 우리가 다시 돌아오기를 바랄까요? (제이미는 고개를 끄덕인다.)

제이미는 먹는 것으로 위안을 얻는 이 어리고 보호적인 아이와 긍휼의 마음으로 연결됨으로써 외로운 여덟 살짜리 아이와도 똑같이 강하게 연결될 수 있는 길을 열었습니다. 우리가 귀를 기울이면, 어린 보호자들과 취약한 추방자들은 자신들이 필요한 것이 무엇인지 우리에게 말해줄 수 있습니다. 염려하는 내담자의 관리자들은, 때로는 치료사의 돌보는 부분들도, 추방자들이 거의 극복이 불가능한 고통을 겪고 있기 때문에 기분이 나아지기 위해서는 모종의 엄청난 치료 개입이 필요하다고 걱정하는 경향이 있습니다. 사실 추방자들은 그들이 상처를 받았을 때 필요했던 것ㅡ즉, 신뢰할 수 있고 용기 있는 후견인과 사랑하며 정서적으로 교감할 수 있는 연결ㅡ그것을 필요로 하는 것입니다.

추방자들과 안전하게 연결하기

일방적 연결

따뜻함과 수용, 연결을 직접적으로 경험하는 일방적 연결은 추방자를 참자아에게 소개하고 어떠한 조건도 붙어 있지 않다는 것을 보여줍니다. 많은 추방자들에게 이 경험은 전혀 새롭습니다. 어떤 추방자들은 즉시 안도감을 느끼고 어떤 추방자들은 회의적입니다. 그들은 참자아가 통제적이거나 주의를 분산시키는 의제를 갖고 있는 보호적인 부분들과는 다르다는 것을 알게 됩니다. 참자아는 친절한 관심, 소속의 기회, 지속적인 지원에 대한 약속을 제공합니다. 모든 참자아-부분의 연결은 시스템 내의 안정성을 증대시켜줍니다. 참자아-부분의 유대가 강화되면서, 더 복잡한 양방향 관계로 발전합니다. 추방자와의 안전한 일방적 연결을 시작하기 위해서는 내담자에게 다음을 시도해보도록 권합니다.

- 취약한 부분을 파악합니다.

- 이미지 작업 또는 활성화를 통해 참자아와 연결이 이루어지도록 안내합니다.

- 참자아 에너지가 있는지 확인하고 그 부분이 더 이상 혼자가 아니라고 안심시킵니다.

- 그 부분에게 관심과 긍휼의 마음을 보냅니다.

- 당신이 지금은 전체 이야기를 듣기 어렵다고 그 부분에게 이야기합니다.

- 그 부분에게 오늘 하루 동안 나누고 싶은 것이 무엇인지 물어봅니다.

- 당신이 다시 돌아오겠다고 그 부분을 안심시킵니다.

양방향 연결

참자아와 추방자들 사이의 양방향 연결은 자연스럽게 흐르고 신뢰하는 것입니다. 추방자는 중요한 이야기들을 공유하고, 이어서 참자아의 인정과 수용에 의해 양육됩니다. 짐을 내려놓기 위해서는 추방자가 고통스러운 경험을 공유하고 확인받은 느낌을 가질 필요가 있기만 하면 되지만, 만약 과거에 갇혀 있다면, 참자아는 그 당시로 되돌아가 그때 추방자 자신을 대신해서 누군가가 해주기를 바랬던 것을 해줄 필요가 있습니다.

매 상호작용을 통해, 참자아는 더 많은 신뢰와 이끌 수 있는 자격을 얻게 됩니다. 추방자와의 안전한 양방향 연결을 시작하기 위해서는 내담자에게 다음을 시도해보도록 권합니다.

- 취약한 부분을 파악합니다.

- 이미지 작업 또는 활성화를 통해 참자아와 연결이 이루어지도록 안내합니다.

- 참자아 에너지가 있는지 확인하고 그 부분이 더 이상 혼자가 아니라고 안심시킵니다.

- 그 부분에게 관심과 긍휼의 마음을 보냅니다.

- 그 부분이 품고 있는 모든 것을 공유하도록 초대합니다.

- 그 부분의 경험을 목격하고 존중합니다.

- 그 부분을 바라보고, 그에 대해 성찰하고 보듬는 시간을 갖습니다.

- 당신이 다시 돌아오겠다고 그 부분을 안심시킵니다.

목격하기와 짐 내려놓기

오랜 기간 약물을 사용하였거나 그 밖의 강박적인 행동을 해왔던 내담자들은 치료 중에 과거의 트라우마 사건과 관련하여 부지중에 떠오르는 이미지나 감각을 경험하는 에피소드가 있을 수도 있습니다. 이러한 이미지와 감각들은 종종 도움을 얻기 위해 의식을 뚫고 나오고 있는 추방된 부분들을 반영합니다. 이 부분들은 트라우마 사건의 결과로 나쁜 기억, 충격적인 감정, 부정적인 신념의 짐을 짊어지게 되었습니다. 이러한 신념들 중 많은 것들이 돌이킬 수 없을 정도의 손상, 불쾌감, 수치감, 역겨움과 관련이 있습니다. 이러한 부정적인 신념들은 수십 년 동안 무의식적으로 작동하여 자신과 세상에 대한 관점에 심대한 영향을 끼칩니다. 그 결과, 그 신념들이 내담자 이야기에 반복적으로 나타나게 됩니다.

때때로 내담자의 보호자들은 참자아를, 추방된 고통을 감내할 능력이 없는 또 하나의 부분으로 봄으로써, 내담자가 추방자에 접근할 때마다 두려움이 치솟도록 만듭니다. 보호자들은 다음과 같이 확인하고 있는 것으로 보입니다 — 네가 정말로 이 작업에 대한 준비가 된 거야? 그러나 실제는 내담자의 참자아가 개입하여 추방자에 대한 부정적인 판단을 뒤집을 준비가 되어 있음을 나타내는 것입니다. 참자아는 추방자의 이야기를 목격하고, 추방자의 경험을 확인하며, 추방자의 타고난 가치와 사랑스러움을 확고히 할 준비가 되어 있는 것입니다. 내담자가 참자아의 이끎을 받고 있을 때는, 경계하면서도 열린 마음을 드러내 보입니다. 그리고 추방자들은 자신들이 항상 필요했던 지속적인 돌봄과 이해, 보호를 받게 됩니다. 그 결과, 내담자들은 자신과 세계에 대한 왜곡된 인식을 내려놓게 됩니다. 현재 상황에 주의를 기울이며 자기 자신의 이야기에 긍휼의 마음을 갖게 된 내담자는 해방되어 자기가 알고 있는 것을 알고, 자기가 느끼는 것을 느끼며, 스스로를 공격하지 않으면서 진솔하게 말할 수 있게 됩니다.

이같이 참자아의 이끎을 받는 상태에서 내담자는 — 그리고 추방자가 원하면 — 치료사와 함께 목격하기라고 알려진 과정을 통해 추방자의 이야기를 목격할 수 있습니다. 여기서 추방자는 참자아에게 자신의 경험에 대해 자세히 보여주거나 이야기하고 싶을 수도 있고, 참자아를 데려가 중요한 장면을 보여줄 수도 있습니다. 혹은 추방자가 자신의 경험을 요약할 수도 있고 또는 그냥 "너는 이 모든 것을 알고 있잖아. 나는 여기를 벗어나고 싶어."라고 말할 수도 있습니다. 치료 관계라는 안전한 상황 가운데 일어나는 이 치료 과정에서, 추방자는 과거 트라우마를 경험하였던 방식과 동일하게 다시 체험하는 것이 아니라 참자아에게 자신의 이야기를 꼼꼼히 안내해주는 감독인 것입니다. 우리의 임무는 추방자의 이야기에 완전히 주의를 기울이며 추방자가 원하는 것은 무엇이든 하는 것입니다. 그 과정에서, 필요한 경우 우리는 내담자에게 추방자의 말을 인정하라고 요청합니다. "이 예민한 부분에게 당신이 그의 말을 듣고 있다고 이야기해주세요." 또는 "내면에 있는 이 대학생에게 당신이 주의를 기울이고 있으며 이해가 되고 있다고 이야기해주세요."

추방자의 이야기에 대해 긍휼의 마음을 가진 증인이 되는 것뿐만 아니라, 우리는 IFS 치료사로서 두 가지 주요한 임무를 가지고 있습니다. 첫 번째는 이른바 **부분 탐지기**가 되어 이야기를 방해하는 모든 보호적인 부분들을 진정시키는 것입니다. 만약 보호자가 매우 불안해하고 계속 방해한다면, 우리는 친절하지만 단호히 그 부분에게 한걸음 뒤로 물러서 달라고 요청하고, 추방자는 지금까지 자기가 항상 필요했던 것 — 즉, 자신들이 신뢰하는 누군가와 안전하고, 안심할 수 있으며, 언제든지 찾아갈 수 있는 사랑하는 관계 — 이 필요할 뿐이며, 우리는 그들의 욕구를 충족시키는 과정 가운데 있다는 것을 확신시켜줍니다.

두 번째는 다음의 간단한 단계를 따라 내담자에게 **짐 내려놓기** 프로세스를 꼼꼼히 안내해주는 것입니다. 먼저, 우리는 추방된 부분에게 과거에 도움이 필요했는지 물어봅니다. 만약 그랬다면, 내담자의 참자아는 다시 과거로 돌아가서 그 당시 누군가가 해주기를 바랐던 것을 추방자를 위해 할 수 있게 됩니다. 이것이 다시 하기라는 프로세스입니다. 참자아와 이러한 과거로의 여행을 통해 추방자가 갖고 있는 자신의 정체성에 대한 부정적인 신념이 잘못된 것임을 확인하게 됩니다. 추방자가 과거를 떠날 준비가 되었을 때, 우리는 그 부분에게 현재로 오라고 초대하여 조금 전 경험으로부터 오는 마음의 짐이 있는지 묻습니다. 만약 그렇다면, 우리는 추방자에게 그 짐을 내려놓거나, 아직 내려놓을 준비가 되지 않았다면, 그 짐을 보관해 놓도록 권합니다. 만약 추방자가 준비되었다면, 우리는 그 짐을 어떻게 내려놓고 싶어하는지 묻고, 기본 요소(빛, 흙, 공기, 물 또는 불*) 중 하나에 내려놓든지, 혹은 적당하다고 생각하는 방법 어떤 것이든지 사용하여 내려놓을 것을 제안합니다. 마지막으로, 우리는 추방자에게 일단 짐이 사라지면 무엇을 초대하고 싶은지 묻고, 보호자들에게는 지금은 짐을 내려놓은 과거 추방자의 새로운 상태에 주목해달라고 요청합니다. 짐 내려놓기는 목격하기 의식절차의 절정입니다.

---

* IFS는 기본 원소들에게 짐을 내려놓는 샤머니즘 전통을 차용하여, 추방자들이 과거를 떠나 자신들의 존재에 대해 고통스럽게 제한하는 신념을 내려놓는 프로세스를 완결하도록 도와줍니다. IFS 개발의 초기 협력자인 미치 로즈가 이 같은 짐 내려놓기 기능을 도입하였습니다.

추방자를 목격하고 그의 짐 내려놓기를 돕는 데 있어서 치료사의 역할

내담자에게 다음과 같이 안내합니다.

   1. 과거로 돌아가서 추방자를 돕겠다고 제안합니다.

   2. 추방자가 준비되면 과거를 떠날 수 있도록 돕겠다고 제안합니다.

   3. 일단 추방자가 현재로 나오면 짊어지고 있는 짐이 있는지 물어봅니다.

   4. 추방자가 짐을 내려놓는 동안 목격을 합니다.

   5. 추방자가 내려놓을 준비가 되지 않았으면, 그 짐을 보관하도록 도와줍니다.

   6. 추방자에게 짐을 어떻게 (빛, 흙, 공기, 물, 불) 내려놓기를 원하는지 물어봅니다.

   7. 일단 짐을 내려놓으면, 추방자가 무엇을 초대하고 싶어하는지 물어봅니다.

   8. 보호자들에게 방금 짐을 내려놓은 과거의 추방자를 주목해보라고 요청합니다.

다음의 사례는 내담자의 참자아가 과거에 고뇌에 찬 어린 부분(그리고 추방당한 화난 보호자)을 목격하고 함께 하여 다시 해볼 수 있는 공간을 만든 좋은 예입니다. 이 회기에서 마고는 29세의 캐나다계 미국인이며, 미혼의 양성애자, 시스젠더 여성으로 옥시콘틴과 펜타닐 사용 및 외상 후 스트레스 장애를 치료받고 있던 중이었습니다. 치료를 받는 동안 그녀는 괴롭히는 관리자 부분들이 흥분을 가라앉히고, 소방관 부분들이 새로운 역할을 찾도록 도와주었습니다. 이제 그녀는 마침내 어릴 적 살던 집 지하실에서 아버지에게 성추행을 당하고 있는 네 살짜리 추방자를 도울 준비가 되었습니다. 치료사와 마고는 과거에 짧지만 여러 차례 이 추방자와 연결되어, 그 아이가 혼자가 아니며 도움이 오고 있다는 것을 이야기해주었고, 심지어 마고는 그 아이를 안전한 곳으로 데려갔습니다. 그러나 그녀는 회상을 통해 추방자가 다시 지하실로 되돌아왔다는 것을 발견하였습니다.

추방자의 짐 내려놓기

치료사 : 마고 씨, 이제 네 살짜리 아이를 보거나 느낄 수 있나요?

마고　 : 네, 아이가 보여요. 저는 공포감이 느껴지고 진저리가 쳐져요.

치료사 : 좋아요, 아이가 약간 섞여 있네요. 지나친 요구가 아니라면, 당신이 아이를 알고 있으며, 우리가 도와주러 왔다고 아이에게 이야기해줄 수 있나요?

마고　 : 어, 네, 알겠어요. 우리가 곁에 있다고 이야기했어요. 하지만 전 공포감이 느껴져요.

치료사 : 맞아요. 마고 씨. 이 작은 아이에겐 정말 무섭고 끔찍한 곳이에요. 당신은 지금 아이의 감정을 느끼고 있는 거예요.

마고　 : 네, 아이는 무서워 죽겠다네요. 진저리가 쳐진대요. 저도 그래요.

> 추방자가 섞이며 마고를 압도하기 시작하고 있다.

치료사 : 물론이죠. 함께 심호흡을 하시지요. (그들은 잠깐 숨을 멈춘다.) 당신이 아이의 감정을 느끼고 있으며 여전히 곁에 있다는 것을 아이에게 이야기해주세요. 당신은 그냥 아이에 대해서 제게 말씀해주시기만 하면 돼요.

> 치료사는 안전하게 계속할 수 있도록 충분히 분리하기 위해 잠시 멈춘다.

마고　 : 네. 알겠어요. 내가 여기 있어. 우리가 여기 네 곁에 있어. 와, 아이가 공포에 떨고 있어요!

치료사 : 아이가 공포에 사로잡혀 있을 때 당신은 아이를 향하여 어떤 느낌이 드세요? 당신도 아이처럼 공포감을 느끼나요, 혹은 그 공포가 압도적인가요?

마고　 : 아, 네… (그녀의 호흡이 느려진다.) 전 괜찮아요. 전 아이를 돕기 위해 여기 있잖아요.

치료사 : 아이가 그곳을 떠나고 싶어 하나요?

마고　 : 그럼요! 정말로 나가고 싶어해요!

치료사 : 좋아요, 아이를 현재로 데리고 나오세요. 아이는 여기 우리 곁에 있을 수도 있고, 안전하다고 느끼는 곳, 어디든지 있을 수 있어요.

마고　 : 네, 아이는 지금 저와 함께 있어요. 잔뜩 웅크리고 있어요.

치료사 : 네, 잠시 멈추고, 당신의 에너지와 숨을 아이에게 보내세요. 이제 아이가 당신 곁에

있는 것에 익숙해지도록 하세요. (치료사가 멈춘다.) 아이는 절대 돌아갈 필요가 없
어요. 그 시간은 끝났고, 아이는 당신 곁에 머물 수 있어요.

마고 : 맞아요. 네. 기분이 조금 더 나아지고 있대요. (아이는 의자에 기대어 있다.) 내 곁에
있어서 기분이 좋대요.

치료사 : 네, 좋아요. 아이를 향하여 어떤 느낌이 드세요?

마고 : 슬퍼요. 그 인간은 정말 끔찍했어요.

치료사 : 마고 씨, 그 이야기를 아이와 나누세요. 당신이 이해하며, 당신 마음이 아이에게 열
려있다는 것을 아이가 받아들일 수 있도록 도와주세요. 당신은 아이가 그 인간에게
붙잡히는 것이 얼마나 힘든지 알고 있잖아요.

마고 : 네. 아이가 내게 가까이 다가오고 있어요.

치료사 : 아주 좋아요. 아이 곁에 있도록 하세요. 당신에게 손을 대보라고 하세요. 당신이 준
비가 되면, 아이가 그 당시 상황을 보여주거나 이야기할 필요가 있는지 물어보세요.

마고 : 그 인간이 자기에게 상처를 주었고, 자신에게 손을 대었다고 하네요. 무서웠대요.
그 인간으로부터 벗어날 수 없었기에 지긋지긋하다고 하네요. (아이는 눈물이 글썽거
리기 시작한다.)

치료사 : 계속할 수 있겠어요? (마고는 고개를 끄덕인다.) 당신은 이것을 충분히 이해하고 있
다고 이야기해주세요. 물론 아이는 역겹고 무서웠으며 탈출하고 싶어했어요. 아이
가 여전히 당신에게 손을 대고 있나요?

마고 : 네. 아이가 내게 보여주고 있어요. (아이는 잠깐 멈춘다.) 그런 일이 너무 자주 일어났
었다고 해요. 많이요. 아이는 그 인간을 아주 싫어했다고 하네요.

> 추방자는 되돌아와 현재의 안전한 입장에서 자신의 경험을 보여준다.

치료사 : 물론 아이가 그랬지요. 아이는 지금 당신에게서 어떤 것을 필요로 하나요?

마고 : 그냥 내게 보여주고 싶대요.

치료사 : 좋아요. 아이 곁에 같이 있어줄 수 있나요? (마고가 고개를 끄덕였다.) 아이가 준비가
되면, 어떤 기분이었는지 물어보세요.

마고 : 그에 대한 역겨움이 자기에게 들어온 것 같대요. (아이는 약간 몸을 구부린다.) 저는
항상 직감으로 그걸 느껴왔어요.

치료사 : 당신도 그렇게 느끼고 있다고 아이에게 이야기해주세요. 아이는 당신이 그 당시 상황
으로 와서 그때 누군가 해주었으면 했던 것을 지금 자기 대신에 해주었으면 하나요?

마고 : 아이는 내가 그 인간에게 자기에게 절대 손대지 말라고 이야기해주었으면 좋겠대요! 그 인간은 토할 것 같은 인간 쓰레기예요. 지옥에서 썩을 인간이에요! 분명히 지옥에 갈 인간이에요.

치료사 : 화난 부분이 있군요.

마고 : 네. 이 부분은 그 인간을 갈기갈기 찢을 수도 있대요.

치료사 : 물론 할 수 있어요. (치료사가 잠시 멈춘다.) 그 부분은 당신이 어린아이를 돕는 것에 반대하나요?

마고 : 아니요. 둘 다 나의 도움을 원하고 있어요. 나는 그 인간을 집 밖으로 내쫓고 있어요. 그 인간은 절대로 아이에게 손대지 못할 거예요. (아이는 한참을 멈춘다.) 네, 그 인간이 말은 하지 않지만 미안해하고 있어요. 자기에게 뭔가 문제가 있다는 것을 알고 있어요. 그는 자살했지요. 그래서.

치료사 : (치료사가 다시 멈춘다.) 그 두 부분은 당신이 자기들 곁에 있는 것을 느끼고 있나요?

마고 : 네.

치료사 : 작은 아이는 기분이 어떤가요?

마고 : 내가 그 인간을 없애 주어서 기쁘대요. 그러나 아이는 그곳에 다시 돌아와, 마루 바닥에 웅크리고 있어요.

> 추방자는 다시 과거로 돌아갔다.

치료사 : 그에 대한 역겨움이 아직도 아이 안에 있나요? (마고는 고개를 끄덕인다.) 알겠어요. 그것이 아이의 것은 아니에요. 원치 않으면, 그것을 내보낼 수 있어요.

마고 : 그게 믿어지지 않는대요. 어쨌거나, 아이는 방법을 모른다고 하네요.

> 추방자는 성공적으로 짐을 내려놓지 못했다. 그 때문에 아이는 과거로 돌아간 것이다.

치료사 : 알겠어요. 그것이 아이 안에 오랫동안 있었어요. 하지만 그것은 아이의 것이 아니므로, 아이가 내보내고 싶다면 그것이 계속 남아있을 수는 없지요. 아이가 준비되면 우리가 그 작업을 도와드릴게요.

마고 : 좋대요. 사라지게 해주세요!

치료사 : 먼저 물어봐야 해요. 아이의 다른 부분들 중에 그것과 떨어지지 않으려는 것이 있나

요? 아이의 부분 중에서 아이가 계속 그에 대한 역겨움을 짊어지고 가기를 원하는 부분이 있나요? (마고는 고개를 저으며 거절한다.) 네. 그럼 아이는 그것을 다음 원소 중 하나로 보내버리면 돼요. 빛, 흙, 공기, 물, 불. 아니면 원하면, 다른 방법을 사용할 수도 있어요.

마고 : 아이는 천국의 빛을 원한대요.

치료사 : 좋아요.

마고 : 네. 아이가 빛 가운데로 걸음을 옮기고 있어요. 저도요. 저도 아이와 함께 가고 있어요. 그에 대한 역겨움이 아이의 뱃속에서 소용돌이치는 먹물 같아요. 그러나 빛이 지금 우리 안에 들어오고 있어요. (아이는 숨을 고르게 쉬고, 울먹이며, 배를 움켜쥔다.) 빛이 그 역겨움을 끌어내고 있어요… 와, 더 있어요.

치료사 : 천천히 하세요. (둘 다 한참 멈춘다.)

마고 : 그게 낫네요. 이제 아이는 일어서서 팔을 뻗고 있어요.

치료사 : 아이는 앞으로 어떤 품성을 원한다고 하나요? 혹은 필요하다고 하나요? 아이는 무엇이든 초대할 수 있어요.

마고 : 아이는 순결을 원하고 있대요. 자기가 그 인간은 아니래요. 자기는 자기일 뿐이래요.

치료사 : 순결이로군요.

마고 : 자기가 더 가벼워졌고 키도 더 커졌대요.

치료사 : 어떤 느낌이래요?

마고 : 더 이상 좋을 수가 없대요.

치료사 : 끝내기 전에 아이가 당신에게 다른 무언가를 보여주고 싶거나 당신에게서 원하는 것이 있나요?

마고 : 아이는 착해요. 내 애완견 터커와 놀고 싶대요.

치료사 : 아이가 역겨움을 내보내는 것을 화난 부분이 보았나요? (마고는 고개를 끄덕인다.) 우리가 중단하기 전에 아이가 당신에게서 필요한 것이 있나요?

마고 : 아이는 보았대요. 나를 보고 안도하고 있어요. 와서 나랑 같이 있고 싶다고도 하네요.

> 이제 그 추방자는 영원히 과거를 떠날 수 있다.

치료사 : 잘하셨어요. 마고 씨. 그들이 이제 당신 곁에 있게 되어 정말 기뻐요.

IFS 치료에서, 우리는 보호적인 부분들과 친해지고 추방자들을 도울 수 있도록 그들의 허락을 받는 데 먼저 투자하고 나서 추방자들에게로 갑니다. 일반적으로 보호자들은 더 많은 시간을 필요로 하며, 치료사에게 더 많은 좌절을 안기고 인내심의 한계를 불러일으킵니다(그래서 우리는 우리의 부분들에 주목하고 규칙적으로 도와야 합니다). 반면에 추방자들은 더 많은 공감을 불러일으킵니다(만약 치료사의 감정이입자가 추방자일 경우, 추방자가 시작점이 될 수도 있습니다). 그러나 일단 치료사가 내담자들의 참자아에 접근할 수 있게 되면 시간이 훨씬 적게 걸립니다. 우리 자신과 다른 사람들 안에 있는 부서지기 쉽고 상처받은 부분들을 사랑하는 것이 수용의 본질입니다.

중독 프로세스를 가지고 있는 대부분의 내담자들, 특히 초기 트라우마 경험을 가진 내담자들은 타당한 이유를 가지고 자신들을 알고 수용하기 위해 고군분투하고 있습니다. 일단의 보호자들 뒤를 몰래 들여다보며 과거의 상처와 모욕을 목격하는 것은 두려움을 가져다줍니다. 이 보호적인 부분들은 절망을 관리하기 위해 중독 프로세스로 들어갔던 것인데, 여전히 절망 가운데 있는 상처받은 부분들에게로 다시 돌아가는 것은 언감생심일 수 있습니다. 보호자들은 짐을 짊어진 어린 부분들과 함께 하는 그 끔찍한 경험들을 다시는 마주하고 싶어하지 않습니다. 짐 내려놓기 프로세스에서, 우리는 보호자들과 친해지고 이 어려운 임무를 더 이상 보호자들에게 지울 필요가 없다는 것을 이야기해줍니다. 참자아가 대신 책임질 수 있습니다. 우리는 이렇게 이야기합니다. "이것은 당신의 임무가 아닙니다. 참자아가 과거로 돌아가 그 상처입은 부분을 도우며 꺼내 오는 동안 여기 계십시오―그런 다음 우리가 당신도 도울 것입니다." 다음의 예는 이것이 실제 상황에서 어떻게 나타나는지를 보여줍니다.

그레타는 56세의 독일계 미국인으로 약물 사용 및 다른 중독 행동의 오랜 경력이 있는 기혼의 레즈비언이었습니다. 그녀는 술을 마시고 암페타민과 다양한 신경안정제를 복용하며 폭식과 구토를 하고 있었습니다. 그녀는 자신의 아내 캐리와 함께 대기업에 근무하며 직장에서 충분히 일을 잘했지만, 만성적으로 불안하고 우울감을 느꼈으며, 이러한 자기 파괴적인 행동을 중단하고 싶어하였습니다. 비록 캐리가 그레타의 약물 사용과 폭식증을 수용하기는 했어도 그레타는 여전히 몇 가지 행동을 숨겼습니다.

보호자와 친해지기

치료사 : 어떻게 지냈어요, 그레타 씨?

그레타의 소방관 : 미친듯이 보낸 한 주였어요! 일은 엉망이에요. 쳇바퀴 속의 다람쥐 같아요. 정말 우울하게 만들고 있어요.

치료사 : 음. 힘들었던 것 같네요. 관리자들이 다시 한번 당신을 위해 성공적으로 해낸 것 같아요. 잘했어요. 하지만 그 모든 힘든 일이 당신으로 하여금 어떤 대가를 지불하게 만들고 있는 것 같아요.

그레타의 소방관 : 아, 선생님 말씀이 제가 비참하다라는 의미라면, 네, 저는 비참해요! 잠도 자지 못하고 제대로 먹지도 않고 있어요. 그래서 다시 신경안정제를 먹으며 술도 좀 마시고 그랬어요. 그리고는 새벽 세 시에도 자지 않고 밥을 먹고 있었어요. 그래서 전체적으로 저는 엉망인 상태예요.

치료사 : 소방관들이 출동하여 돕고 있군요. 그 이야기를 하니 어떤 기분인가요?

그레타의 소방관 : 직장은 지옥 같아요. 잠을 잘 수가 없어요. 어쩔 수 없지요.

치료사 : 맞아요. 알겠어요. 하지만 좋은 생각이 있어요. 우리가 지금 바로 소방관 팀과 연결할 수 있는지 체크해보는 게 어떨까요?

그레타의 소방관 : 모르겠어요, 아니, 저는 왜 그러고 있는지 알고 있다는 뜻이에요. 저는 그냥 잤으면 좋겠어요!

치료사 : 맞아요, 확실히 몇 가지 분명한 이유가 있어요. 당신의 관리자들이 과로한 상태이니 주말에 안정을 취할 수 있도록 도움이 필요해요.

그레타의 소방관 : (그녀는 고개를 끄덕인다.) 네, 캐리가 출산 휴가를 갖는 동안에, 그녀가 해야 할 모든 일을 내가 책임지게 되는 것 같은데 그녀의 월급은 나보다 많아요. 어떤 일은 내가 책임질 수도 없어요. 나는 경험도 없는데, 실수라도 하면 내가 비난을 받게 될 거예요. 실수할 가능성이 커요.

치료사 : 알겠어요. 휴식이 필요하시네요! 이 상황에서는, 소방관 팀이 평소보다 조금 더 강도가 세진 것으로 들리는데요? (그레타가 고개를 끄덕인다.) 그게 걱정되세요?

그레타의 소방관 : 네, 우울하게 만들고 있어요. 다시는 이 길을 가고 싶지 않아요. 하지만 어쩌겠어요?

치료사	: 맞아요. 달리 방법이 없는 것 같아요. 소방관들은 할 일을 한 거예요! 하지만 우리가 물어보면 정확히 어떤 것이 그들의 강도를 그렇게 세어지게 만들었는지 좀 더 알 수 있을 거라 생각해요. 제가 제대로 이해하고 있다면, 그들은 단지 당신이 긴장을 늦추도록 도와주는 것 이상의 일을 하고 있어요.
그레타의 소방관	: (그녀는 어깨를 으쓱한다.) 네, 알겠어요.
치료사	: 그레타 씨, 이 달래는 부분들이 활동하고 있는 것을 머릿속에 그려보세요. 토요일에 있었던 일을 떠올려보세요. (그레타는 말이 없다.) 보이세요? (그레타가 고개를 끄덕인다.) 지금 어디 계세요?
그레타	: 제 침실에 있어요. 와인을 마셨고, 신경안정제도 먹었어요. 그리고 TV를 보고 있어요.
치료사	: 좋아요, 이것이 주된 달래는 부분이에요. 그 부분을 향하여 어떤 느낌이 드세요?
그레타의 관리자	: 정상이 아닌 것 같아요. 또 다시 신경안정제를 먹게 된 것이 너무 싫어요!
치료사	: 달래는 부분이 고군분투하고 있군요. 그리고 방금 판단하는 부분이 하는 말을 들으셨어요?
그레타의 관리자	: 네. 제가 판단하고 있어요. 그녀(달래는 부분)는 완전히 망가졌어요. 저는 그녀를 바라볼 수조차 없어요. (그녀는 눈을 뜨고 치료사를 바라본다.)
치료사	: 이 부분이 어떻게 망가지게 되었는지 이해하기는 힘들다는 것을 알아요. (치료사는 멈추고 함께 숨을 쉰다. 그레타는 눈물을 글썽인다.) 이 모든 것을 슬퍼하는 한 부분이 있는 것 같아요. (그레타가 고개를 끄덕인다.) 그 슬퍼하는 부분을 인정하세요. 당연히 그녀(슬퍼하는 부분)는 슬프지요! 그녀가 달래는 부분의 이야기를 들으라고 당신에게 공간을 내어 줄까요? (그레타가 얼굴을 찡그린다.) 그런 상황에서는 달래는 부분이 아주 외로워하죠, 그렇죠? (그레타가 고개를 끄덕인다.) 비판자가 허락한다면, 당신이 그녀(달래는 부분)를 도와줄 수도 있어요. (잠시 멈춘 후, 그레타가 다시 고개를 끄덕인다.) 토요일에 그녀가 얼마나 외로웠는지 알고 있다고 이야기해주세요. 하지만 지금은 혼자가 아니에요. 당신도 곁에 있잖아요.
그레타	: (그녀는 조금 더 편하게 숨을 쉰다.) 그녀는 혼자 있는 것을 싫어해요.
치료사	: 당신이 이해한다고 이야기해주세요. (치료사가 멈춘다.) 그레타 씨, 달래는 부분이 신경안정제를 많이 먹을 때 그 부분의 진짜 동기가 무엇인지 물어

보세요. 그 부분은 어떻게 돕고자 애쓰고 있나요?

그레타의 소방관 : 그녀는 단지 내가 고주망태가 되기를 원하고 있어요!

치료사 : 네, 알겠어요! 그녀가 당신이 고주망태가 되기를 바라는데, 하필이면 왜 지금인가요? 지금 무슨 일이 일어나고 있는데요?

그레타의 소방관 : 제가 항상 촉각을 세우고 있기 때문이에요. 결코 중단하지 않아요. 끊임없이 걱정을 하고 있어요.

치료사 : 그게 이해가 되세요? (그레타는 고개를 끄덕인다.) 당신도 이해하며, 또 당신이 결코 긴장을 늦추지 않는 사람은 아니라는 것을 이야기해주세요. 그리고 분명히 긴장을 늦추지 않는 부분이 있긴 하지만 당신은 아니에요. 그리고 당신은 그녀에게 귀를 기울이고 있잖아요.

그레타의 소방관 : 네, 글쎄 그녀가 그것에 대해서는 그렇게 확신이 없대요.

치료사 : 지금 그녀를 향하여 어떤 느낌이 드세요?

그레타의 소방관 : 제 기분이 좋아요. 그녀가 내게 잘해주고 있어요.

치료사 : 기분 좋다는 것에 대해 좀 더 이야기해주세요.

> 치료사는 암묵적 직접 접근법을 사용하여 달래는 부분과 대화한다.

그레타의 소방관 : 음, 전 휴식이 필요해요. 가끔은 긴장을 늦출 필요가 있어요. 그런데요?

치료사 : 당신의 몸에 긴장이 풀리고, "난 신경 안 써!"라는 생각을 갖고 있는데, 그건 약물에 취한 상태에서 오는 거에요. 당신은 다 내려놓을 수 있지요. 그것이 안도감이라 할 수 있나요?

그레타의 소방관 : 전 단지 그게 그렇게 큰 문제가 아니라고 말하는 거예요. 난 신경 쓰지 않아요.

치료사 : 지금 말하는 당신은 달래는 부분이죠, 그렇죠? 당신은 다 내려놓는 것이 중요하다고 그레타에게 상기시켜주고 있는 거예요. 당신이 그레타를 도와주고 있는 거지요.

> 치료사는 명시적 직접 접근법으로 전환하고 그레타를 3인칭으로 하여 달래는 부분과 이야기한다.

그레타의 소방관 : (그녀는 웃는다.) 저도 그렇게 생각해요.

치료사	: 그레타 씨, 달래는 부분에게 고마움이 느껴지나요? 그녀는 당신을 마음 편히 해줄 방법을 찾고 있어요. 당신이 다 내려놓고 그렇게 걱정하지 않아도 될 수 있도록 도와주고 있어요. (치료사가 잠시 멈춘다.) 만약 그녀가 당신을 위해 이 일을 하지 않으면 어떤 일이 일어날까 봐 두려워하나요?
그레타	: 그녀는 항상 내가 신경 쇠약자라고 생각하고 있어요. 그건 사실이에요.
치료사	: 맞아요, 그녀가 다른 것도 도와주고 있나요?
그레타	: 그녀는 내가 자존감이 없고 우울해한다고 해요. 이렇게 하는 것도 정말 지겹대요. 사람들은 나를 이용하고 있고, 절대 나를 좋게 봐주지 않을 거래요.
치료사	: 그렇다면, 달래는 부분은 자신을 방어할 줄 모르는 부분이 있다는 것을 알고 있는 건가요?
그레타	: 네, 저한테는 항상 그런 일이 일어나요. 그게 제 인생 이야기예요!
치료사	: 만약 우리가 상처를 입은 부분이 더 강하고 안전하게 느끼도록 도울 수 있다면, 달래는 부분에게도 좋지 않을까요?
그레타	: 그럼, 그럼요. 물론이지요. 우리가 할 수 있다면 정말 좋지요. 평생의 소원인데요.
치료사	: 그렇지요. 아이가 오래전에 상처를 입었는데 당신이 또 계속해서 상처를 입고 있군요. 그러나 그 상처 입은 부분이 당신으로 하여금 아이를 돌보게 한다면, 도움이 될까요?
그레타	: 네, 그럴 것 같아요.
치료사	: 열심히 일하는 부분(관리자)과 달래는 부분(소방관)이 당신이 그렇게 하도록 허락할까요? (그레타가 고개를 끄덕인다.) 좋아요, 그레타 씨. 당신이 여기 있다고 아이에게 이야기해주세요. 당신은 아이에 대해 모든 것을 알고 있으며, 돕고 싶다고 이야기해주세요.
그레타	: 와. 아이가 조그맣네요!
치료사	: 몇 살인가요?
그레타	: 세 살쯤 됐어요.
치료사	: 당신이 보인대요? (그레타는 고개를 끄덕인다.) 무엇이 필요하대요?
그레타	: 내가 필요하다고 하네요.
치료사	: 어떻게 해주어야 할까요?
그레타	: 제가 아이를 안아 올리고 있어요. 포옹이 필요하대요.

치료사	: 아이를 향하여 어떤 느낌이 드세요?
그레타	: 사랑스러워요.
치료사	: 그 당시 상황에서 아이는 당신의 도움이 필요한가요, 아니면 떠날 준비가 되었나요?
그레타	: 아이는 내가 자기 엄마에게 "그만하세요. 그리고 그 아이를 겁주지 마세요"라고 이야기해주기를 바라요.
치료사	: 좋아요. 엄마가 이해할 수 있도록 해드리기 위해 엄마의 참자아를 초대하세요.
그레타	: 네. 엄마는 도움이 많이 필요하대요.
치료사	: 그런데 아이는 무엇이 필요한가요?
그레타	: 아이는 엄마를 보내고 나한테 오고 싶어해요. 자기 어린 여동생도 데려오고 싶어하네요. 괜찮을까요?
치료사	: 아이가 원하는 것은 무엇이든 다 들어주세요. 아이가 대장이에요.
그레타	: 아이가 현재로 돌아왔어요. 우리 품에 그 아이가 있어.
치료사	: 아이는 그 때부터 어떤 짐 같은 것을 짊어지고 있나요?
그레타	: 무슨 말씀이신가요?
치료사	: 아이에게 확인해보라고 하세요. 그 때부터 바뀌지 않은 어떤 감정이나, 더 이상 필요하지 않은 신념 같은 것이 있대요?
그레타	: 아 네! 아이는 자기에게 뭔가 문제가 있다고 생각했대요.
치료사	: 아이는 그것을 내려놓을 준비가 되었대요?
그레타	: 네.
치료사	: 아이는 그것을 빛, 흙, 공기, 물 혹은 불 가운데 내어놓을 수 있어요. 아니면 원하는 어떤 방식으로도 괜찮아요.
그레타	: 불이요. 우린 그걸 불 태우려고요. 아기 몸에 끈적거리는 것이 묻어 있어 그것을 닦아내고 누더기를 태우려고요.
치료사	: 어떤 느낌이에요?
그레타	: 가벼워요. 새로워진 느낌이에요.
치료사	: 이제 그 아이는 무엇을 초대하고 싶어하나요? 앞으로 필요하게 될 것 말이에요.
그레타	: 놀고 싶어해요.

치료사	: 좋아요. 놀이와 자유의 정신을 초대하세요. (잠시 후 그레타는 고개를 끄덕인다.) 이제 달래는 부분을 다시 확인해보면 어떨까요? (그레타는 고개를 끄덕인다.) 달래는 부분은 잘 지내고 있나요?
그레타	: 그녀가 일어서네요. 단정한 모습이에요. 그녀는 이것이 효과가 있을지 궁금해하네요.
치료사	: 달래는 부분은 무엇이 필요하다고 하나요?
그레타	: 그녀도 자유로워지고 싶어하지만, 잘 모르겠대요.
치료사	: 만약 달래는 부분이 확실히 자유롭다고 느낀다면, 무엇을 하고 싶대요?
그레타	: 그녀가 긴장을 풀고 싶다고 했던 것, 아시지요? 해변에서 일광욕도 하고, 물장난하고 싶대요. 저는 해변 근처에서 자랐어요.
치료사	: 좋아요. 아마도 달래는 부분은 이번 주에 당신이 세 살짜리와 함께 있는 것을 지켜보면서, 해변에서 휴식을 취하는 것이 안전한지 결정하고 싶을 거예요.
그레타	: 네. 그녀는 그 생각이 좋기는 하지만 내가 새로운 일자리를 찾기를 바란대요.
치료사	: 어떤 생각이세요?
그레타	: (그녀는 생각에 잠긴 듯 고개를 끄덕인다.) 그녀 말이 맞는 것 같아요. 때가 됐어요.

추방자들은 자신들의 경험이 아무리 고통스럽더라도, 자신들이 필요로 하는 것, 즉 신뢰할 수 있고 반응을 해주는 성인과 안정적인 관계를 갖게 되면 되살아납니다. 보호하는 팀은 부서지기 쉬운 추방자가 내담자이며, 자신들만이 안전을 위한 유일한 자원이라고 확신하는 상태에서 여러 해를 보낼 수도 있습니다. 그들은 그 추방자를 돕는 것이 산을 옮기는 것이라 생각하여, 군대 및 열차 한 량 분의 장비 그리고 요술 지팡이가 필요할 거라고 믿습니다! 그들은 참자아에 대한 감이 없고 구명정에 접근하지 못하기 때문에 어떻게 이 상실감에 빠진 시스템 안에서 작은 도움이라도 얻을 수 있는지 궁금해합니다. 하지만 누군가 들어주고 인정해준다는 느낌이야 말로 관리자와 소방관들이 필요로 하는 참자아가 존재한다는 증거가 됩니다. 만약 참

자아가 그들을 수용하고 긍정적으로 품을 수 있다면, 그들은 참자아가 상처입은 추방자들에게도 동일하게 해줄 수 있겠다는 안도감을 갖게 됩니다.

역풍

때로는 민감한 작업 하나가 책임지는 일에 매우 익숙한 보호적인 부분들을 활성화시킵니다. 이른바 **역풍**에서는, 그들이 다시 운전석에 앉아서 내담자가 최근에 상처 입은 부분들과 언짢은 경험에 대한 기억에 노출되지 않도록 거리를 둘 수 있는 방법을 찾게 됩니다. 역풍은 보호자들이 추방자의 이야기로 돌아가 추방자의 감정에 압도되는 것을 여전히 무서워할 때 일어납니다. 내담자가 약속을 하였지만 이행하지 않았기 때문에 추방자가 아주 실망한 경우에도 발생할 수 있습니다.

역풍은 모든 내담자들에게서, 그리고 어떤 중독 프로세스에서도 일어난다는 것을 이해하는 것이 중요합니다. 일반적으로 친숙한 보호적인 부분들이 장악하게 됩니다. 예를 들어, 소방관들은 갈망에 불을 붙이고 약이나, 도박, 포르노 쪽으로 내담자를 유인하게 됩니다. 그러면 관리자들은 끼어들어 내담자를 비난하고 그들이 하는(또는 하지 않는) 모든 것이 잘못되었다고 비난하게 됩니다. 이 같은 내면의 양극성은 추방자들을 불안하게 만들고, 그들의 수치심과 절망감에 불을 붙입니다. 그것은 내담자들로 하여금 자신들이 바뀔 수 없거나, 부분들이 자신들을 바뀌도록 하지 않을까 봐 걱정하게 만듭니다. 그러나 역풍은 프로세스의 일부입니다. 우리의 임무는 침착한 상태를 유지하고, 안심시키며, 낙관적 태도를 견지하는 것입니다.

우리는 내담자가 이러한 중독 사이클을 식별하도록 도우면서, 보호자들과 인터뷰하여 그들이 장악하지 않으면 어떤 일이 일어날까 봐 두려워하는지 알아냅니다. 이 과정은 보호자들이 분리되도록 도와줍니다. 그들은 참자아와 다시 연결되면서, 자신들이 혼자가 아닐 뿐만 아니라 내담자의 모든 문제를 해결할 필요도 없다는 것을 기억합니다. 동시에, 우리는 내담자에게 주중에 추방자 하나라도 감지하였는지 물어봅니다. 만약 그렇다면, 우리는 그 부분들이 원한다면 회기와 회기 사이에 안전한 장소로 갈 수 있도록 계획을 세우고, 보호자들이 허락한다면, 그 부분들이 잘 있나 살펴보라고 내담자를 독려합니다. 만약 그렇지 않다면, 내담자는 나중에 다시 돌아오겠다고 약속할 수 있으며, 다음 회기에는 잊지 않고 그 부분에게로 돌아가는 것이 우리의 임무가 됩니다.

여기 우리가 역풍에 어떻게 대처하는지에 대한 예가 있습니다. 자넷은 스물일곱 살의 미혼인 트랜스젠더 자메이카인으로 부모님과 열 살짜리 두 남동생과 함께 미국으로 왔습니다. 어머니는 처방전이 필요한 약물을 남용했으며, 아버지는 집에 있는 적이 거의 없었습니다 ─ 어머니는 자녀들에게 맡기고 아버지는 다른 여자와 살고 있다고 하였습니다 ─ 이것은 자넷으로 하여금 어린 남동생들을 책임지도록 느끼게 만들었습니다. 그들은 학교 성적이 매우 우수했었고, 지금은 사회복지관 일을 하는 전문가가 되었으나 저녁만 되면 폭식, 구토를 하며 때로는 팔과 다리에 베인 상처를 내며 보냈습니다.

역풍에 대처하기

자넷의 관리자 : 이번 주는 컨디션이 별로 좋지 않네요. 지난 회기 이후에, 저는 결국 주말 내내 폭식을 했어요. 다행히도 월요일에는 출근할 수 있었어요.

치료사 : 그렇게 힘든 시간을 보내셨다니 안 됐군요!

자넷의 관리자 : 한동안 그렇게 나쁜 적은 없었어요.

치료사 : 당신에게 안도감을 줄 수 있는지 알아보기 위해 폭식하는 부분을 만나볼까요?

자넷의 관리자 : 음, 해보지요.

치료사 : 폭식하는 부분이 보이세요?

자넷의 관리자 : 먹고 있는 게 보이네요. 역겨워요.

치료사 : 폭식하는 것을 좋아하지 않는 다른 부분이 있는 것 같군요. 그 부분이 당분간 뒤로 물러서서 당신이 폭식하는 부분을 도와준다는 것을 믿으려 할까요?

자넷의 관리자 : 당분간 물러설 것 같아요, 하지만 여전히 모든 것이 싫다고 하네요.

치료사 : 당분간 당신을 지켜보며 어떻게 진행되는지 보라고 하세요. 지금 폭식하는 부분을 향하여 어떤 느낌이 드세요?

자넷 : 괜찮은 것 같아요.

치료사 : 호기심을 가질 수 있나요? (자넷이 고개를 끄덕인다.) 폭식하는 부분이 지난 주말에 있었던 일 중 어떤 것을 당신에게 보여주고 싶어하나요?

자넷 : 자신은 그냥 먹고 싶었다고 하고, 내가 단 것을 정말 좋아한다는 것을 알고 있으며, 어떤 일이 일어나든 상관하지 않는대요.

치료사	: 만약 폭식하는 부분이 부분이 당신에게 단 것을 주지 않는다면 어떤 일이 일어날까요?
자넷	: 내가 원하는 것을 절대 얻지 못한다고 하네요.
치료사	: 어떤 느낌이세요?
자넷	: 저는 하루 종일 일하고는 곧장 저의 작은 아파트로 돌아와요. 그런데 지난주에 우리가 이야기하고 있었는데 엄마가 집에서 쓰러지셨어요. 저는 911을 불러야 했고 제 동생들과 함께 병원으로 갔는데 깜짝 놀랐어요. …안 좋았어요.
치료사	: 기억해요. 당신은 모든 이들을 돌봐야 했고, 엄마는 매우 아프셨지요. 당신에게는 삶에서 좋은 일이나 기분 좋은 일이 없었어요. 만약 당신과 제가 그 짐을 짊어진 10대 부분을 도울 수 있다면, 그 폭식하는 부분이 가끔 휴식을 취할 수 있을까요?
자넷	: 네, 그 10대 부분은 도움이 필요해요.
치료사	: 물론이죠. 지금 그 부분을 확인해보죠. 그 부분이 보이시나요? (자넷이 고개를 끄덕인다.) 그 부분은 당신이 보인대요? 당신은 이 부분을 위해 여기에 있는 거예요. 지금 당장 무엇이 필요하다고 하나요?
자넷	: 10대 부분은 그곳을 벗어나고 싶은데 떠날 수가 없대요.
치료사	: 그 부분은 우리가 되돌아와서 자기가 떠날 수 있도록 도와주었으면 하나요?
자넷	: 네.
치료사	: 좋아요. 폭식하는 부분에게 당신이 짐을 짊어진 10대를 도와줄 수 있다고 이야기해주세요. 연결이 항상 완벽하지는 않을 거예요. 지난주에 당신 둘(참자아와 10대 부분)이서 연락이 끊겨서 폭식하는 부분이 도우려고 끼어들었던 거예요. 하지만 당신이 다시 하게 됐네요. 10대 부분이 준비되면, 당신이 그 부분을 거기서 꺼내 줄 수 있을 거예요.

추방자들이 마침내 내담자의 참자아와 연결되면, 과거 사건에 대한 그들의 의사소통은 회기가 끝난 이후에도 계속되어, 잃어버린 시간과 기회에 대해 강한 부정적인 감정을 불러일으킬 수 있습니다. 만약 이러한 감정들이 보호자들을 두렵게 하고 보호자들이 참자아를 충분히 신뢰하

지 않는다면, 보호자들은 다시 한번 추방자들을 내어쫓는 조치를 취할 것입니다. 그 결과, 주중에 주의를 기울이기로 약속한 내담자는 짐을 짊어진 10대 부분과 접촉이 끊어지면서 자넷에게 일어났던 것처럼 항상 끝까지 지속할 수가 없게 됩니다. 만약 내담자가 추방자에게 주의를 기울이기로 약속하고 그것을 지키지 않는다면, 때로는 상당한 인내심을 동반한 효과적인 복구 작업이 필요합니다. 또한 다음의 개입 옵션 중 어떤 것이든지 사용하여 회기와 회기 사이의 역풍을 방지할 수도 있습니다.

회기와 회기 사이에 추방자들을 위한 개입 옵션

첫째, 방해 가능성을 확인합니다. 주중에 내담자가 추방자와 연결을 유지하는 것에 대해 반대하는 부분이 있습니까? 그렇다면, 그 추방자를 그가 택하는 안전한 장소에 그냥 머물도록 하고 다음 회기에 찾도록 합니다. 만약 그렇지 않으면 다음 행동 중 하나 이상을 시도해 봅니다.

안전한 장소 :

- 추방자가 치유와 연관된 장소로 옮겨가도록 초대합니다.
- 추방자가 내담자 곁에 있도록 초대합니다.
- 다음 회기까지 유순한 보호자(예 : 사랑하는 오빠/언니 부분)가 추방자와 함께 지내도록 초대합니다.
- 추방자를 사랑하는 애완동물과 함께 안전한 곳으로 데려갑니다.

행동 :

- 보호자들이 허락한다면, 내담자로 하여금 매일 아침이나 밤에 추방자에게 짧은 글을 쓰게 합니다.
- 내담자가 추방자의 심볼(예 : 사진, 작은 조각상)을 찾아 지갑이나 배낭, 또는 주머니에 보관하도록 초대합니다.
- 추방되었던 기억이 떠오르면, 내담자에게 추방자가 새로운 안전한 공간에 있는 모습을 머릿속으로 그려보라고 합니다.
- 내담자가 친구, 그룹 또는 치료사의 지원을 받을 때까지 내담자에게 추방자가 섞이지 말아달라고 요청하도록 합니다.

- 내담자로 하여금 그의 가슴이나 손에서 추방자의 가슴이나 손으로 금실*을 보내도록 초대합니다.

- 내담자가 추방자에게 달래며, 진정시키는 부드러운 숨을 보내도록 독려합니다.

- 내담자로 하여금 추방자에게 나중에 시간이 될 때 되돌아와 더 많은 이야기를 듣겠으니, 중요한 것 한 가지만 공유해 달라고 요청하게 합니다.

- 내담자가 학교나 직장에 갈 경우, 추방자는 집에 머물러 있어도 괜찮다고 안심시켜주라고 내담자에게 요청합니다.

- 추방자의 현재 나이가 몇 살인지 내담자에게 요청합니다.

- 추방자에게 짐을 내려놓고 기분이 나아진 다른 부분들을 보여주라고 내담자에게 요청합니다.

회복과 재발

내담자들이 입원 치료 센터에서 퇴원하거나 외래 치료의 도움으로 중독 패턴을 바꾸는 작업을 하고 있을 때, 내담자들은 부서지기 쉽고 정서적으로 취약합니다. 그들은 자신들이 선택한 약물이나 행위를 하지 않으면, 대인관계와 업무 수행의 어려움에 직면합니다. 그들은 일반적으로 외로움을 느끼고, 과거의 상실을 크게 슬퍼하며, 여전히 중독 행동으로 얻는 안도감을 갈망합니다. 바로 이 순간 다른 소방관―예를 들어, 음주 대신에 폭식과 구토―이 그 자리를 대신할 수도 있고, 내담자가 그냥 자신이 선호하는 중독 프로세스로 되돌아갈 수도 있습니다. 추방된 취약성이 의식으로 다시 돌아오면 그에 대응하여 보호 시스템이 활성화됩니다. 이것을 재발(recurrence)이라고 하며(우리는 relapse라는 용어보다 recurrence라는 용어를 선호하는데, 전자는 수치감을 불어넣기 때문입니다), 그로 인해 정신세계가 익숙한 고통으로 불이 붙게 됩니다. 지나치게 흥분한 부분들이 차례로 스쳐 지나가며, 자기 혐오, 자기 경멸, 분노, 공포로 뒤범벅이 된 상태를 만듭니다(아마도 나는 나아질 수 없을 거야!).

전통적인 치료법은 종종 내담자의 의도에 의문을 제기하고(심지어 더 나아지기를 원하시나요?),

---

* 금실(golden thread) 연습을 공유해준 미치 로즈에 감사한다. 금실은 어떤 것의 모든 부분에 존재하는 특성을 하나로 묶어 가치를 부여하는 것을 말한다.

반복되는 증상의 원인으로 내담자를 탓하며(회의를 몇 번 참석하셨어요? 최근에 후원자에게 연락해보셨나요?), 내담자가 통제력을 되찾는 데 도움이 될 것이라고 믿으며 강력한 지시어를 사용합니다(그냥 그 욕구를 억누르세요!). 내담자가 제 궤도에 오를 수 있도록 돕고자 하는 절박한 마음은 이해되지만, 이러한 접근 방식이 도움을 줄 가능성은 없습니다. 만약 우리가 이 상황에서 걱정하며 조언을 해주는 관리자의 관점에서 끼어든다면, 우리는 저울의 관리자 쪽에 엄지손가락을 누르는 실수를 범하고 있는 것입니다. 따라서 IFS에서는 달리 진행합니다. 우리는 내담자가 통제력을 회복할 수 있도록 돕는 대신, 그들이 최근에 물러난 소방관들과 긴밀한 접촉을 유지하고 다시 관계를 맺도록 안내합니다.

우리는 긍정적인 자세와 긍휼의 마음을 가지며, 무엇보다도 침착함을 유지합니다. 우리의 임무는 이것이 어떻게 시작되었고 무엇이 그것을 지속하게 하고 있는지 진상을 규명할 수 있다는 자신감을 전달하는 것입니다. 우리의 확신이 필수적입니다. 우리는 내담자의 참자아가 보호자들과 다시 연결되고 추방자들에게 접근할 수 있을 때 내담자의 기분이 나아질 것이라는 것을 알고 귀를 기울입니다. 우리는 내담자들에게 새로운 참자아–부분의 패턴이 힘을 불어넣어주며, 그들이 원점으로 되돌아가지는 않는다는 확신을 심어줍니다. 우리는 이 모든 것이 매우 예측 가능하다는 것을 그들에게 상기시켜줍니다. 재발은 역풍과 비슷하며 치유 프로세스의 정상적인 한 측면입니다. 우리는 약물을 줄이거나 끊을 경우, 오래된 기억이든 좀 더 최근의 기억이든 고통스런 기억이 갑자기 몰려올 수 있다는 것을 내담자에게 상기시켜줍니다. 우리는 비판자들이 수치감을 불어넣는 식으로 반응할 수도 있으며, 그에 대응하여 소방관들이 통상적인 유혹적인 방법을 들고 나올 거라고 경고합니다. 우리는 중독 프로세스가 나름대로의 합리적 근거와 목표를 가진 사이클이라는 것을 내담자에게 상기시킵니다. 타당한 이야기입니다.

이제 사이클이 다시 작동하므로 우리는 부분들 이름을 부르며 그들에게 속도를 늦추라고 요청할 수 있습니다. 우리는 보호자의 행동을 개선하기 위해 노력하는 것이 아닙니다. 우리는 보호자에게 다가가, 그들의 동기를 이해하며, 애착을 형성해나가는 내담자의 능력을 개선하기 위해 노력하는 것입니다. 우리는 내담자가 고통의 경감이 필요한 취약한 어린아이라고 믿는 강박적인 부분들이 의사 결정을 하고 있다는 것을 알 수 있도록 도와줍니다. 이런 식으로 우리는 내담자를 혼란에서 명료함으로 옮깁니다. 약물 사용에 대한 새로운 관점을 통해 내담자들은 자신들의 소방관 부분들이 그냥 미쳐 파괴적인 것이 아니라, 생존을 선택하고 있다는 것을 알 수 있습니다. 따라서 재발은 보호자들을 진정시키고 추방자들과 연결되는 프로젝트를 진행할

수 있는 또 한 번의 기회인 것입니다. 이 접근법은 긍정적이고 낙관적입니다. 우리는 대부분의
내담자들은 자신들이 왜 다시 약물을 사용하는지 궁금해할 수 있다는 것을 발견합니다. 그들
은 또한 정서적인 균형을 되찾기 위해 새로운 기법을 사용할 수도 있습니다.

치료사 유인물

재발 후 개입 옵션

이 연습은 내담자가 두려움과 자책에서 한걸음 뒤로 물러서서 왜 자신의 부분들이 다시 또 약물을 사용하거나 문제가 있는 방식으로 강박적인 행위에 참여하는지 이해할 수 있도록 돕기 위한 것입니다. 여기서 우리는 섞인 시스템에 접근하여 보호적인 부분들에게 뒤로 물러서서 우리를 신뢰해달라고 요청합니다. 샘플 대본과 함께 개입의 각 단계를 차근차근 안내하는 몇 가지 안내 문구를 제공해 드립니다.

1. 중독 사이클이 타당할 뿐만 아니라, 질문을 통해 치료사인 당신은 가장 최근의 재발에 대한 진상을 파악할 수 있다는 것을 내담자에게 상기시킵니다.

    보호적인 부분들이 걱정하게 되는 경우, 그들은 자신들이 신뢰하는 옛 전술로 되돌아가지요. 소방관 부분들은 음주, 도박, 폭식, 약물 사용, 혹은 달래거나 주의를 분산시킬 목적의 다른 강박적인 행동을 시작할 수 있어요. 결과적으로 관리자 부분들이 수치감을 불어넣거나 혐오감을 표현하면서 끼어들 수도 있지요. 이것은 정상이며 예상할 수 있어요. 이런 일이 발생하면, 우리는 소방관들에게 그 의도를 물어보지요. 그들은 일반적으로 추방자들이 고통스러운 감정, 오래된 기억, 또는 아무에게도 말하지 않았던 비밀로 시스템을 압도할까 봐 걱정하고 있다고 해요. 이 연습에서, 우리는 그들에게 이유를 설명해달라고 초대할 거예요. 만약 강박적인 행동이 다른 부분들을 두렵게 한다면, 우리는 그 부분들도 도울 거예요.

2. 내담자와 치료사 간의 연결이 견고한 경우, 내담자가 자신의 보호적인 부분들을 회의에 초대하도록 안내합니다.

    정상 회담을 하겠어요. 지금 여기에 있어야 할 모든 부분들을 우리와 함께 하도록 초대하시지요. 강박적인 소방관 부분들과 비판적인 관리자 부분들을 초대해 당신과 함께 큰 테이블에 앉을 수 있도록 하세요. 그들을 모두 환영합니다. 먼저 어떤 부분에게 관심을 기울여야 하나요?

3. 먼저 내담자의 관심이 필요한 부분에게서 이야기를 들어봅니다. 예를 들어, 비판적인 관리자는 자신들의 혼란과 정서적인 압도감에 대한 두려움을 이야기할 수도 있습니다. 흥분한 소방관은 추방자로부터의 압도감과 관리자의 수치감 불어넣기에 대한 자신들의 두려움에 대해 이야기할 수도 있습니다. 어느 쪽이든, 당신은 귀를 기울이기 위해 여기 있다고 안심시킵니다.

> 우리는 당신을 통제하거나 비판하기 위해 여기 있는 것이 아니에요. 우리는 당신의 의도를 이해하고 싶어요. 당신은 어떤 일로 염려하시나요? 당신은 어떻게 도와주고자 애를 쓰쓰고 있으셨어요?

- 만약 소방관이 관리자에게 반응하는 경우

  > 우리가 그 관리자 부분이 통제하거나 돌보거나 과로하는 것을 중단할 수 있도록 도와준다 하더라도, 당신은 여전히 똑같은 방법으로 _____(약물을 사용하거나, 도박하거나, 과식하거나, 포르노를 보아야) 할까요?

- 만약 관리자 부분이 소방관에게 반응하는 경우

  > 우리가 그 약물을 사용하는 부분이 _____(합의를 지키거나, 주의를 분산시킬 수 있는 좀 더 해롭지 않은 방식을 찾도록) 도와준다 하더라도, 당신은 그 부분을 계속 공격해야 할까요?

- 만약 어느 한 보호자가 추방자를 두려워하는 경우

  > 만약 당신이 상처 입은 부분이 누군가로부터 필요한 존재로 여김을 받고 사랑을 받는 안전한 방법이 있다는 것을 알았다면, 당신은 기어를 약간 낮출 의향이 있나요?

4. 두 보호자 팀 모두에게 내담자의 참자아로 하여금 그들이 보호하는 추방자(동일한 추방자일 수도 있고, 서로 다른 추방자일 수도 있음)를 돕도록 요청합니다. 그들이 동의하면, 참자아-부분의 일방적 연결을 제의하는 것으로 시작하면서 추방자를 환영합니다.

> 상처받은 어린 부분에게 당신이 여기 있다고, 당신이 주의를 기울이고 있다고 이야기해주세요. 혼자가 아니라고요. 어떻게 반응하나요?

5. 만약 참자아와 추방자가 연결되고 보호자들이 여전히 지지하고 있다면, 양방향 연결을 계속하며 추방자를 목격합니다.

이 부분이 당신에게 이야기하고 싶어하는 것이 무엇인가요? 그 부분의 상처, 외로움, 또는 수치심을 유발한 것은 무엇이었나요? 당신은 이것을 받아들이고 있나요? 그 부분에게 이야기해주세요. 그 부분은 당신의 염려와 돌봄을 느끼나요? 어떻게 반응하나요?

6. 이것으로 마친 것 같으면, 내담자가 자신들의 중독 삼각형을 그리고 논의하도록 하여 단절의 사이클을 명확히 합니다. 어떤 보호자들이 서로 반응합니까? 어떤 추방자 부분들이 활성화되었습니까? 이것이 익숙한 느낌입니까 아니면 새로운 느낌입니까? 그런 다음, 내담자의 참자아가 이끌고 있을 때 어떤 일이 일어나는지를 보여주는 또 다른 삼각형을 그리고 논의합니다.

이제 부분들이 당신과 연결된 느낌을 갖나요? 그들이 계속해서 강도를 낮추기 위해서는 당신에게서 무엇이 필요한가요? 오늘 그들이 위험을 무릅쓰고 당신과 함께 한 것에 대해 감사를 표하세요. 그들이 다음 회기 전에 해야 할 숙제나 정해진 세부 계획을 원하나요?

결론

IFS에서 우리는 내담자들에게 희망을 제공합니다. 우리는 많은 부분들, 많은 의견들, 그리고 때로는 많은 심적 갈등을 갖는 것이 정상이라고 여깁니다. 그리고 우리는 심지어 합의가 이루어지지 않을 때에라도 참자아 리더십이 가능하다고 주장합니다. 내담자들의 보호자들은 취약성과 정서적 고통을 다루는 방법을 두고 양극화되어 있습니다. 궁지에 몰린 형제자매들처럼, 그들은 자신들의 차이를 어떻게 해결해야 할지 전혀 모릅니다. 따라서 우리는 각각이 타당성을 갖고 있다고 주장하며, 내담자로 하여금 양쪽 관점 모두에 귀를 기울이도록 안내합니다. 우리는 내담자들에게 통제력을 가지라고 요청하지 않습니다. 우리는 내담자들에게 어떻게 연결하는지를 보여줍니다. 동시에 우리는 부분들이 내담자의 참자아를 감지하도록 요청합니다. 참자아는 접근할 수 있고 판단을 하지 않습니다. 참자아가 도울 수 있다면 어떨까요? 이러한 논의는 한 시간 이상이 걸릴 수도 있습니다. 만약 그렇더라도, 걱정할 필요는 없습니다. 우리 내담자들이 시간에 맞추어 어딘가로 가야 할 필요는 없습니다─그들은 바로 여기에 있어야 합니다.

우리의 임무는 모든 부분이 환영받도록 하는 것입니다. 치료에서, 이것은 참을 수 없을 정도로 두려워하거나, 부끄러워하거나, 화가 나거나, 강박적인 사람들에 보내는 특별한 초대장입니다. 우리는 우리의 내담자들이 이러한 부분들을 도울 수 있는 자원을 가지고 있다는 것을 알고 있습니다. 우리는 그들에게 그 자원들에 접근하는 법을 보여줍니다. 궁극적으로, 우리는 그들이 향후 중독 행동에 대한 자신들의 비전을 탐구하고, 자신들의 목표를 설정하며, 맑은 정신(sobriety)에 대한 자신들만의 정의를 내리도록 안내합니다. 우리는 많은 내담자들이 이 접근법을 좋아할 것이고, 대부분은 자신들의 부분들을 만나서 안도감을 가질 것이며, 모든 사람들이 긍휼의 마음과 내적 리더십에 대한 역량을 갖게 되리라고 자신 있게 말할 수 있습니다. 우리는 어떻게 그것이 가능할 수 있는지를 당신에게 보여드렸습니다. 우리가 당신이 한 번 시도해볼 수 있도록 영감을 불어넣어드렸기를 바랍니다.

참고문헌

Chödrön, P. (2007). *The places that scare you: A guide to fearlessness in difficult times*. Shambhala Press.

Felitti, V. J. (2004). *The origins of addiction: Evidence from The Adverse Childhood Experience Study*. Department of Preventive Medicine, Kaiser Permanente.

Felitti, V. J., Anda, R. F., Nordenberg, D., Williamson, D. F., Spitz, A. M., Edwards, V., Koss, M. P., & Marks, J. S. (1998). Relationship of childhood abuse and household dysfunction to many of the leading causes of death in adults: The Adverse Childhood Experiences (ACE) Study. *American Journal of Preventive Medicine, 14*(4), 245–258.

Hari, J. (2015). *Chasing the scream: The first and last days of the war on drugs*. Bloomsbury Publishing.

Hart, C. L. (2021). *Drug use for grown-ups: Chasing liberty in the land of fear*. Penguin.

Interlandi, J. (2022, June 24). Experts say we have the tools to fight addiction. So why are more Americans overdosing than ever? *The New York Times*. https://www.nytimes.com/2022/06/24/opinion/addictionoverdose-mental-health.html?smid=em-share

Lewis, M. (2015). *The biology of desire: Why addiction is not a disease*. Public Affairs Books.

Menakem, R. (2017). *My grandmother's hands: Racialized trauma and the pathway to mending our hearts and bodies*. Central Recovery Press.

Miller, W. R., & Rollnick, S. (2013). *Motivational interviewing: Helping people change* (3rd ed.). Guilford Press.

Redfern, E. E. (2022). *Internal family systems therapy: Supervision and consultation*. Routledge.

Schwartz, R. C. (2016). Perpetrator parts. In M. Sweezy & E. L. Ziskind (Eds.), *Innovations and elaborations in internal family systems therapy* (pp. 109–122). Routledge.

Schwartz, R. C., & Sweezy, M. (2020). *Internal family systems therapy* (2nd ed.). Guilford Press.

Sykes, C. (2016). An IFS lens on addiction: Compassion for extreme parts. In M. Sweezy & E.

L. Ziskind (Eds.), *Innovations and elaborations in internal family systems therapy* (pp. 29–48). Routledge.

Szalavitz, M. (2016). *Unbroken brain: A revolutionary new way of understanding addiction.* St. Martin's Press.

Tatarsky, A. (Ed.) (2007). *Harm reduction psychotherapy: A new treatment for drug and alcohol problems.* Jason Aronson, Inc.

저자 소개

씨씨 사이크스, LCSW는 IFS Institute의 컨설턴트이자 선임 트레이너이고, 트라우마 및 중독 전문가로서 중독 프로세스에 IFS 치료 모델을 적용하는 방법에 대해 전 세계 치료사들을 교육하고 있습니다. 또한 사이크스는 현재 심리치료가 치료사의 삶에 어떤 영향을 미치는지 탐구하고 있습니다. 그녀는 이와 관련된 주제들에 대해 강의하고, 상담하고, 워크숍을 이끄는 한편, 시카고에서 개인적으로 상담실을 운영하고 있습니다.

마사 스위지, PhD는 하버드 의과대학 정신의학과의 파트타임 조교수이고, Cambridge Health Alliance의 마인드풀니스 및 컴패션 센터의 연구 훈련 컨설턴트이며, 매사추세츠 노스앰프턴에 있는 개인 상담실의 심리치료사로 있습니다. 스위지는 전문 학술지에 IFS에 관한 논문을 발표하였고, IFS의 다양한 응용에 관한 두 권의 책을 공동 편집하였으며, IFS에 관한 치료 매뉴얼 세 권과 *Internal Family Systems Therapy* 제2판을 리처드 슈워츠와 공동 집필하였습니다.

리처드 C. 슈워츠, PhD는 많은 부분으로 구성된 성격(multipart personality)을 비병리적으로 다루는 매우 효과적인 증거 기반 치료 모델인 내면가족시스템(Internal Family Systems)의 개발자입니다. 슈워츠의 IFS Institute는 전문가와 일반 대중을 대상으로 훈련을 제공하고 있습니다. 슈워츠는 현재 하버드 의과대학의 교수로 재직 중이며, *No Bad Parts: Healing Trauma and Restoring Wholeness with the Internal Family Systems Model*을 포함한 다섯 권의 책을 출판하였습니다.

역자 소개

이혜옥   상명대학교 상담대학원 가족치료 전공(석사)

성산효대학원대학교 가족상담학(박사)

현재 한국상담심리학회 정회원

한국상담학회 정회원

한국기독교상담학회 기관회원

한국내면시스템상담협회 공동대표

한국가정회복연구소 공동대표

이진선   미국 럿거스대학교 유전학(박사)

미국 예일대학교 의과대학 분자의학(박사후 연구원)

백석대학교 기독신학대학원 목회학(석사)

현재 한국내면시스템상담협회 공동대표

한국가정회복연구소 공동대표

삼성서울병원 미래의학연구원 연구교수